Henri J. M. Nouwen

Du bist der geliebte Mensch

Henri J. M. Nouwen

Du bist der geliebte Mensch

Religiöses Leben in einer säkularen Welt

Herder
Freiburg · Basel · Wien

Titel der Originalausgabe:
Life of the Beloved
Spiritual Living in a Secular World
The Crossroad Publishing Company
370 Lexington Avenue, New York, NY 10017

Übersetzung aus dem Englischen von
BERNARDIN SCHELLENBERGER

Sechste Auflage

Herstellung: Freiburger Graphische Betriebe 1997
Gedruckt auf umweltfreundlichem,
chlorfrei gebleichtem Papier
ISBN 3-451-22964-1

CONNIE ELLIS
IN DANKBARKEIT GEWIDMET

Inhalt

Vorwort
Eine Freundschaft beginnt

Dieses Buch ist die Frucht einer lang andauernden Freundschaft. Ich glaube, Sie werden es mit mehr Gewinn lesen, wenn ich Ihnen zuerst einmal erzähle, wie es zu dieser Freundschaft gekommen ist.

Vor knapp zehn Jahren war ich Dozent an der Yale Divinity School. Da betrat eines Tages ein junger Mann mein Büro, der von mir ein Interview für den Connecticut-Lokalteil der Sonntagsausgabe der „New York Times" wollte. Er stellte sich als Fred Bratman vor. Wir setzten uns zu einem Gespräch zusammen, und ich fühlte mich recht schnell von einem Gefühl erfaßt, das eine Mischung aus Verunsicherung und Faszination war.

Verunsichert war ich, weil dieser Journalist offensichtlich an allem anderen als an dem Interview interessiert war. Irgend jemand hatte ihm den Tip gegeben, es könnte sich lohnen, einen Artikel über mich zu schreiben. Er hatte den Tip aufgegriffen, aber ich konnte bei ihm keine allzu große Neugier entdecken, mich kennenzulernen, noch den lebhaften Wunsch, über mich etwas zu schreiben. Es war eine journalistische Pflichtübung, die er meinte, mit links erledigen zu können.

Dennoch war ich auch irgendwie fasziniert, denn

ich spürte hinter der Maske der Gleichgültigkeit einen Geist voll sprühenden Lebens, der begierig darauf aus war, etwas zu lernen und sich kreativ zu betätigen. Irgendwie wußte ich, daß ich einem Menschen gegenübersaß, der über eine große Begabung verfügte und begierig auf eine Möglichkeit wartete, sie einzusetzen.

Nachdem mir Fred eine halbe Stunde lang Fragen gestellt hatte, die weder ihn noch mich sonderlich interessierten, wurde es offensichtlich, daß sich das Interview im Sand verlaufen hatte. Er würde einen Artikel daraus machen, einige wenige Leute würden ihn lesen, und herauskommen würde dabei, wenn überhaupt etwas, recht wenig. Das war uns beiden bewußt, und beide hatten wir das Gefühl, daß wir unsere Zeit hätten sinnvoller verwenden können.

Fred war gerade im Begriff, seinen Notizblock in seiner Aktentasche zu verstauen und das übliche „Ich danke Ihnen für das Gespräch" zu sagen. Da schaute ich ihm in die Augen und stellte ihm die Frage: „Sagen Sie mir, macht Ihnen Ihr Beruf Spaß?"

Zu meiner Überraschung gab er ohne langes Nachdenken die Antwort: „Nein, eigentlich nicht, aber das ist halt mein Job."

Ich erwiderte etwas naiv: „Aber wenn er Ihnen keinen Spaß macht, warum machen Sie das dann?"

„Irgendwie muß man ja sein Geld verdienen", entgegnete er, und ohne daß ich weitergefragt hätte, setzte er hinzu: „Das heißt, ich schreibe wirklich gern, aber diese kleinen Zeitungsartikel hängen mir zum Hals heraus. Immer ist der Platz zu knapp, und nie kann man über eine Person oder eine Sache etwas tiefergehend schreiben. Wie kann ich zum Beispiel wirklich etwas mehr als nur Äußerlichkeiten über Sie und Ihre Gedanken sagen, wenn mir dafür nicht mehr als 750 Wörter zugestanden werden? ... Aber was soll ich machen ... Von irgend etwas muß man ja leben. Ich muß froh sein, daß ich wenigstens das tun kann!" Aus seiner Stimme hörte ich Ärger und Resignation heraus.

Plötzlich wurde mir klar, daß Fred kurz davor war, seine Träume sterben zu lassen. Er kam mir vor wie ein Häftling, den die Gesellschaft hinter Gitter gesteckt und zu einer Arbeit gezwungen hatte, zu der er keinerlei Beziehung hatte. Als ich ihn so anschaute, überkam mich eine große Sympathie für ihn, ja – ich wage es kaum zu sagen – eine große Liebe zu diesem Menschen. Hinter seinem Ärger und seiner Resignation spürte ich ein wunderbares Herz, ein Herz, das etwas geben, das kreativ sein und ein fruchtbares Leben führen wollte. Sein scharfer Verstand, seine Offenheit sich selbst gegenüber und das spontane Vertrauen, das er mir schenkte, gaben mir das Gefühl, daß unser Treffen nicht bloß reiner Zufall sein konnte. Was zwischen uns geschah, scheint mir vergleichbar mit der Szene, als Jesus den reichen jungen Mann lange ansah und „von Liebe zu ihm bewegt wurde" (Markus 10,21).

Spontan fühlte ich in mir den Wunsch, ihn aus seinem Gefängnis zu befreien und ihm einen Weg zu zeigen, wie er seine sehnlichsten Wünsche erfüllen konnte.

„Was wollen Sie wirklich?" fragte ich ihn.

„Ich möchte einen Roman schreiben ... Aber dazu werde ich nie die Möglichkeit haben."

„Haben Sie wirklich ernsthaft diesen Wunsch?" fragte ich weiter.

Er schaute mich ganz überrascht an und sagte mit einem Lächeln: „Ja, den habe ich ... Aber mir ist auch unwohl bei diesem Gedanken, denn ich habe noch nie einen Roman geschrieben, und vielleicht habe ich gar nicht das Zeug zum Romanschriftsteller."

„Wie sollen Sie denn herausfinden, ob Sie das Zeug dazu haben oder nicht?" fragte ich zurück.

„Ach, wahrscheinlich werde ich das nie herausfinden. Dazu braucht man Zeit und Geld, und beides habe ich nicht."

An dieser Stelle unseres Gesprächs hatte mich eine richtige Wut gepackt – auf ihn, auf unsere Gesellschaft und auch ein Stück weit auf mich selber –, eine Wut darüber, daß wir diese Zustände einfach so hinnehmen. Ich fühlte in mir den starken Drang, all diese Mauern der Angst, der Konvention, der sozialen Erwartungen und der Selbstgeringschätzung niederzureißen, und ich platzte heraus:

„Warum werfen Sie dann nicht Ihren Job hin und schreiben Ihren Roman?"

„Das kann ich nicht", sagte er.

Ich drang weiter in ihn: „Wenn Sie wirklich einen Roman schreiben wollen, dann können Sie das auch tun. Sie müssen sich ja nicht unbedingt dem Diktat der Zeit und des Geldes beugen."

Jetzt wurde mir klar, daß ich mich unversehens in eine Schlacht gestürzt hatte, die ich um jeden Preis gewinnen wollte. Er spürte meine Entschlossenheit und sagte:

„Ich bin nun einmal bloß ein kleiner Zeitungsschreiber, und damit sollte ich wohl zufrieden sein."

„Nein, das sollten Sie nicht", sagte ich. „Sie sollten Ihrem tiefsten Wunsch folgen und das tun, was Sie wirklich wollen ... Zeit und Geld sind nicht die Hauptsache."

„Was ist dann die Hauptsache?" entgegnete er.

„Das sind Sie selbst", gab ich zur Antwort. „Sie haben nichts zu verlieren. Sie sind jung, haben Energie, haben eine gute Ausbildung ... Alle Türen stehen Ihnen offen ... Warum lassen Sie sich von der Welt in ein enges Schema pressen? ... Warum wollen Sie ein Opfer werden? Sie haben die Freiheit, das zu tun, was Sie wollen – wenn Sie es wirklich wollen!"

Er schaute mich mit immer größerer Überraschung an und wußte gar nicht mehr, wie er sich in diese merkwürdige Auseinandersetzung hatte verwickeln lassen. „Na gut", sagte er, „ich gehe jetzt besser ... Vielleicht schreibe ich doch irgendwann meinen Roman."

Ich hielt ihn zurück, denn so leicht sollte er mir nicht entwischen. „Nein, warten Sie, Fred. Das, was ich gerade gesagt habe, habe ich wirklich so gemeint. Folgen Sie Ihrem tiefsten Wollen."

Mit einem Anflug von Sarkasmus in seiner Stimme entgegnete er: „Das klingt ja großartig!"

Ich wollte ihn nicht gehen lassen. Ich spürte, daß hier meine eigenen Überzeugungen auf dem Spiel standen. Denn ich glaube, daß jeder Mensch bestimmte Entscheidungen treffen kann, und zwar Entscheidungen, die seinen eigenen besten Antrieben entsprechen. Ich glaube allerdings auch, daß es wenige Menschen sind, die diese Entscheidungen wirklich treffen; die anderen entscheiden sich nicht, machen dann der Welt, der Gesellschaft und anderen ihr „Schicksal" zum Vorwurf und vergeuden einen großen Teil ihres Lebens damit, sich zu beschweren.

Aber nach unserem kurzen Hin und Her im Gespräch spürte ich, daß Fred imstande war, seine eigenen Ängste zu überspringen und das Risiko zu wagen, auf sich selbst zu vertrauen. Jedoch wußte ich auch, daß ich vorausspringen mußte, damit er das auch wagte, und so sagte ich: „Fred, kündigen Sie Ihren Job, kommen Sie ein Jahr hierher und schreiben Sie Ihren Roman. Irgendwie werde ich das Geld dafür schon auftreiben."

Später – viele Jahre später – gestand mir Fred, ihm sei nach diesen meinen Äußerungen ziemlich unwohl geworden und er habe sich gefragt, was wohl der Grund dafür sein mag. Er habe gedacht: Was will dieser Mensch eigentlich von mir? Warum bietet der mir Geld und Zeit an, damit ich etwas schreibe? Ich traue dem nicht. Da muß irgend etwas anderes dahinterstecken!

Aber statt etwas in dieser Richtung zu sagen, entgegnete er nur: „Ich bin Jude, und das hier ist eine christliche Lehranstalt."

Ich schob seinen Einwand beiseite: „Wir werden Ihnen einen Studien-Freiplatz einräumen, und Sie können hier wohnen ... Sie können dann tun, was

Sie wollen … Die Leute hier werden das gut finden, einen Romanschriftsteller im Haus zu haben, und dabei können Sie etwas über das Christentum und das Judentum dazulernen."

Wenige Monate später zog Fred in die Yale Divinity School ein und widmete ein ganzes Jahr dem Versuch, seinen Roman zu schreiben. Der Roman kam nie zustande, aber wir wurden gute Freunde, und heute, viele Jahre danach, schreibe ich dieses Buch als Frucht dieser Freundschaft.

In den etwas mehr als zehn Jahren nach unserer gemeinsamen Zeit in Yale lebten sowohl Fred als auch ich in Lebensformen, die sich völlig von dem unterschieden, was wir uns bei unserer ersten Begegnung vorgestellt hatten.

Fred mußte eine schmerzliche Scheidung durchstehen, heiratete wieder, und er und seine Frau Robin erwarten jetzt ihr erstes Kind. Er arbeitete an verschiedenen Stellen, die zunächst nicht sehr befriedigend waren, bis er einen Beruf fand, der ihm ein reiches Feld für die Entfaltung seiner Kreativität bot. Auch meine eigene Lebensreise hätte niemand vorhersehen können. Ich verließ die akademische Welt, ging nach Lateinamerika, versuchte es dann noch einmal in der Universität und ließ mich schließlich in einer Gemeinschaft mit geistig behinderten Menschen nieder. Im Leben eines jeden von uns gab es Zeiten mühsamen Ringens, gab es manche Leiden und Freuden, und vieles davon konnten wir miteinander besprechen, weil wir uns regelmäßig gegenseitig besuchten. Im Lauf der Jahre kamen wir uns immer näher, und es wurde uns immer bewußter, wie wichtig unsere Freundschaft für uns beide war, obwohl uns unsere Tätigkeiten, die Entfernung und die persönlichen Lebensstile davon abhielten, uns so oft zu treffen, wie wir es uns eigentlich gewünscht hätten.

Schon vom Anfang unserer Freundschaft an waren wir uns dessen ziemlich deutlich bewußt, daß wir aus radikal unterschiedlichen religiösen Welten kamen. Zunächst schien es, als erschwere uns das die Möglichkeit, eine gemeinsame geistige Wellenlänge zu finden. Fred respektierte mich als katholischen Priester und zeigte aufrichtiges Interesse an meinem Leben und meiner Arbeit. Gleichwohl waren das Christentum ganz allgemein und die katholische Kirche im besonderen lediglich einige von vielen anderen Dingen, die ihn höchstens beiläufig interessierten. Ich meinerseits konnte ziemlich mühelos Freds säkularisiertes Judentum verstehen, hatte aber dennoch das Gefühl, daß es für ihn ein großer Gewinn gewesen wäre, wenn er sich mehr auf sein eigenes spirituelles Erbe eingelassen hätte. Ich erinnere mich lebhaft daran, daß ich zu Fred einmal sagte, es täte ihm sicher gut, wenn er die hebräische Bibel lesen würde. Er wollte davon absolut nichts wissen:

„Sie sagt mir nichts. Das ist eine fremde, ferne Welt für mich ..."

„Na ja", sagte ich, „dann lies wenigstens das Buch Kohelet, das ist das Buch, das anfängt mit ‚Nichtigkeit, Nichtigkeit, ... alles ist Nichtigkeit'."

Am nächsten Tag sagte Fred zu mir: „Ich habe das Buch gelesen ... Ich habe überhaupt nicht gewußt, daß in der Bibel ein Skeptiker etwas zu suchen hat ... einer wie ich ... Das gibt mir Auftrieb!"

Und ich erinnere mich auch, daß ich mir dachte: „In dir steckt viel mehr als ein Skeptiker."

Im Lauf der Jahre, als wir älter wurden und die Aufmerksamkeit auf Erfolg, Karriere, Ruhm, Geld und Zeit abflaute, traten mehr die Fragen nach Sinn und Zweck in den Mittelpunkt unserer Beziehung.

Angesichts all der vielen Umbrüche in unserem Lebenslauf wurden wir beide mehr und mehr sensibel für unsere tieferen Bedürfnisse. Obwohl wir in sehr unterschiedlichen Verhältnissen lebten, hatten wir uns doch beide mit der Not des Abgelehntwerdens und der Trennung herumzuschlagen, und jedem von uns beiden wurde immer deutlicher unser Bedürfnis nach Nähe und Freundschaft bewußt. Beide mußten wir aus unseren tiefsten geistlichen Quellen Trost schöpfen, um nicht in Bitterkeit und Groll zu versinken. Die Unterschiede zwischen uns wurden immer unwesentlicher, die Gemeinsamkeiten immer deutlicher. Unsere Freundschaft nahm an Tiefe und Stärke zu, während wir immer lebhafter den Wunsch nach einem gemeinsamen geistlichen Fundament verspürten.

Als wir eines Tages miteinander in New York City die Columbia Avenue entlanggingen, wandte sich Fred mir zu und sagte: „Du könntest doch einmal für mich und meine Freunde etwas über das geistliche Leben schreiben!" Fred kannte das meiste, was ich geschrieben hatte. Oft hatte er mir wertvolle stilistische und sprachliche Hinweise gegeben, aber selten eine innere Beziehung zum Inhalt meiner Bücher gefunden. Als Jude, der in der weltlichen Stadt New York City lebte, konnte er nicht viel Trost oder Hilfe aus Worten schöpfen, die so ausdrücklich christlich waren und so eindeutig von jemandem stammten, der seiner Lebtag bewußt in der katholischen Kirche gelebt hatte.

„Das sind ganz gute Sachen", sagte er oft, „aber für mich ist das nichts." Fred hatte das starke Empfinden, daß seine eigene Erfahrung und die seiner Freunde einen anderen Klang, eine andere Sprache, eine andere geistliche Wellenlänge gebraucht hätten.

Nach und nach lernte ich Freds Freunde kennen und bekam ein Gespür für ihre Interessen und Sorgen. Das half mir, Freds Äußerungen besser zu verstehen, daß es eine Spiritualität geben müßte, die die Männer und Frauen in einer säkularisierten Gesellschaft anspricht. Mein Denken und Schreiben setzte weithin die Vertrautheit mit Begriffen und Bildern voraus, die jahrhundertelang das geistliche Leben von Christen und Juden genährt hatten; aber heutzutage haben diese Begriffe und Bilder für viele Menschen die Kraft verloren, ihnen ihre geistliche Mitte zu erschließen.

Freds Anregung, ich solle eine Anleitung zum geistlichen Leben schreiben, die seine Freunde und er verstehen könnten, ging mir nach. Er hatte mir die Aufgabe gestellt, auf den geistlichen Hunger und Durst einzugehen, der sich in zahllosen Menschen regt, die die Straßen der großen Städte durcheilen. Er hatte mich herausgefordert, ein Wort der Hoffnung an die Menschen zu richten, die nicht mehr in die

Kirchen und Synagogen kamen und die nicht mehr ganz selbstverständlich die Priester und Rabbiner als ihre Ratgeber in Anspruch nahmen.

„Du hast etwas zu sagen", redete mir Fred ständig zu, „aber du sagst es immer wieder bloß den Leuten, die das am wenigsten brauchen ... Wer sagt uns jungen, ehrgeizigen, verweltlichten Männern und Frauen etwas, die wir uns doch auch die Frage stellen, welchen Sinn das Leben überhaupt hat? Kannst du uns mit der gleichen Überzeugungskraft etwas sagen, wie du das denen sagst, die in deiner Tradition stehen, deine Sprache sprechen und deine Weltanschauung vertreten?"

Fred war nicht der einzige, der mir solche Fragen stellte. Was Fred so ausdrücklich ins Wort gebracht hatte, wurde mir auch von vielen anderen Seiten gesagt. Ich hörte es von Leuten in meiner Gemeinschaft, die ohne religiösen Hintergrund waren und die in die Bibel für ein seltsames, verwirrendes Buch hielten. Ich hörte es von eigenen Familienangehörigen, die schon lange die Kirche verlassen hatten und ganz und gar nicht den Wunsch verspürten, in sie zurückzukehren. Ich hörte es von Juristen, Ärzten und Geschäftsleuten, die ihre Energie völlig in ihren Beruf gesteckt hatten und für die der Samstag und Sonntag wenig mehr als eine kurze Atempause war, um genügend Kraft dafür zu sammeln, am Montagmorgen wieder in die Arena zu steigen. Ich hörte es auch von jungen Männern und Frauen, die den vielen Ansprüchen einer Gesellschaft ausgeliefert waren, die sie völlig in Beschlag nahm und die doch allmählich mit Sorge spürten, daß ihnen diese Gesellschaft nicht viel wirkliches Leben anzubieten hatte.

So wurde aus Freds Frage mehr als die beunruhigende Frage eines jungen New Yorker Intellektuellen. Sie wurde zur Frage, die mir von allen Seiten entgegentönte, wo immer ich bereit war, für sie offen zu sein. Und schließlich wurde sie für mich zur hartnäckigsten und bedrängendsten aller Fragen: „Sprich uns von der tiefsten Sehnsucht unseres Herzens, sprich uns von unseren vielen Wünschen, sprich uns von der Hoffnung; nicht von allen möglichen Überlebensstrategien, sondern vom Vertrauen; nicht über neue Methoden zur Befriedigung unserer emotionalen Bedürfnisse, sondern über die Liebe. Sprich zu uns von einer Sicht, die größer als unsere sich ständig wandelnden Gesichtspunkte ist, und von einer Stimme, die tiefer dringt als das Geschrei unserer Massenmedien. Ja, sprich zu uns von etwas oder jemand, das oder der die größer ist als wir selbst. Sprich zu uns von ... Gott."

„Wer bin ich, daß ich darüber sprechen könnte?" entgegnete ich. „Mein eigenes Leben ist dafür zu begrenzt. Mir fehlen die Erfahrung, das Wissen und die Sprache, nach der du fragst. Du und deine Freunde, ihr lebt in einer Welt, die von der meinen grundverschieden ist."

Fred trieb mich in die Enge. „Du kannst das ... Du mußt das tun ... Wenn du es nicht machst, wer denn sonst? ... Meine Welt und deine Welt sind sich näher, als du glaubst. Besuch mich öfter, unterhalte dich mit meinen Freunden. Sieh sie dir genau an, paß gut auf, was sie sagen. Du wirst bald entdecken, daß aus der Tiefe der Menschenherzen ein Schrei kommt, den nur noch niemand gehört hat, weil keiner darauf achtet."

Als Fred das sagte, fiel mir sein Appartment in der 75th Street in New York ein: ein gemütlicher Ort inmitten einer rauhen Welt. Als mich Fred vor vielen Jahren zum ersten Mal dorthin mitgenommen hatte, war mir aufgefallen, wie kahl und öde die Eingangshalle zu diesem Wohnsilo aussah. „Alles wurde gestohlen", hatte er mir erläutert. „Die Lampe, der Marmor an den Wänden – alles, was irgendeinen Wert hatte, haben sie herausgerissen und mitgenommen, manchmal am hellichten Tag." Während uns der Aufzug in den elften Stock brachte, spürte ich ein unheimliches Schweigen zwischen den Fahrgästen, die fast mit den Ellbogen aneinander stießen. Wie nahe zusammen und doch wie getrennt voneinander sie waren! Fred benötigte zwei Schlüssel, um die Tür zu seiner Wohnung zu öffnen. Auch mußte er die mit Eisengittern gesicherten Doppelfenster dicht schließen, um den Lärm von der Columbia Avenue nicht in jeden Winkel seines Zimmers eindringen zu lassen. Dennoch war es eine gemütliche Wohnung, doch um zu ihr zu gelangen, mußten wir eine lange Geschichte passieren lassen, die von Gewalt, Unterdrückung, Angst und Mißtrauen, Schmerz und Todeskampf erzählte. Hier lernte ich Freds Alltagsritual kennen. Am frühen Morgen verläßt er seine behagliche Wohnung, um bald auf seinem Weg zur Arbeit in den Menschenmassen unterzugehen. In der U-Bahn liest er die Morgenzeitung. In einem kleinen Büroraum sitzt er über einem

Geschäftsbrief. Zu Mittag nimmt er mit einem Kollegen einen Imbiß in einem lauten Lokal ein. Die Nachmittage sind mit zahllosen Telefonaten und Faxschreiben ausgefüllt. Bald darauf geht er wieder in den Massen unter, bis er schließlich in seinem gemütlichen Hafen zurückkehrt.

Was sollte ich einem Menschen sagen können, der an einem solchen Ort mit einem solchen Rhythmus lebt? Was konnte ich überhaupt einer Welt voller hin und her rasender Taxis, glasverkleideter Bürotürme und Tag und Nacht laufender Fernsehshows sagen? Und dennoch: War ich nicht in den vielen Jahren meines Studiums, meines Betens und meiner Begegnungen dazu ausgebildet worden, genau zu dieser Welt Worte der Hoffnung sprechen zu können?

„Aber wie? Wie bloß?" sagte ich zu Fred, und fühlte mich dabei zwischen wankendem Widerstand und der Bereitwilligkeit, mich dieser Herausforderung zu stellen, hin und her gerissen. Er gab mir zur Antwort: „Sprich von dem Ort in deinem Herzen aus, an dem du ganz du selbst bist. Sprich direkt, einfach, liebevoll, gütig und ohne irgendeine Selbstrechtfertigung. Sag uns, was du siehst und was wir sehen sollen; sag uns, was du hörst und was wir hören sollen ... Trau deinem eigenen Herzen. Dann werden dir die Worte kommen. Du brauchst keine Angst zu haben. Diejenigen, die dich am dringendsten brauchen, werden dir am meisten helfen. Du kannst darauf bauen, daß ich dir helfe."

Jetzt, da ich endlich zu schreiben anfange, weiß ich, daß mir das nur gelingen wird, wenn ich ganz nahe bei Fred und seinen Freunden bleibe. Sie haben mir gesagt, ich solle der bleiben, der ich bleiben möchte, aber zugleich haben sie mir versichert, daß sie mich auf alle Fälle lieben werden.

Ich habe die direkte Anrede gewählt – so, wie ich einen persönlichen Brief schreiben würde. Wenn ich meine Aufmerksamkeit auf Fred und seine Freunde gerichtet halte, kann ich am besten zum Ausdruck bringen, was in meinem Herzen ist. Ich bin nicht imstande, hier all die brennenden Fragen unserer Zeit und Gesellschaft zu behandeln, doch kann ich einem lieben Freund schreiben, den ich als Weggefährten kennen- und liebengelernt habe, und der mit mir zusammen nach Leben, Licht und Wahrheit sucht. Wenn ich auch sehr persönlich und direkt schreibe, hoffe ich doch, daß viele Leser mit „hineinhören" möchten und sich sogar mit auf den Weg dieser geistlichen Suche begeben.

Du bist der geliebte Mensch

Seit du mich darum gebeten hast, dir und deinen Freunden etwas über das geistliche Leben zu schreiben, beschäftigt mich die Frage, ob es ein Wort gibt, von dem ich möchte, daß es dir nach dem Lesen all dessen, was ich dir sagen möchte, im Gedächtnis haften bleibt. Im Lauf des vergangenen Jahres tauchte dieses eine Wort allmählich aus der Tiefe meines Herzens auf. Es ist das Wort „geliebt". Ich bin der festen Überzeugung, daß es mir um deinet- und deiner Freunde willen eingegeben worden ist. Da ich ein Christ bin, habe ich dieses wunderbare Wort zum ersten Mal bei der Geschichte von der Taufe Jesu von Nazaret gehört. „Kaum war Jesus aus dem Wasser aufgetaucht, da sah er, wie der Himmel aufgerissen wurde und der Geist wie eine Taube auf ihn herabkam. Und vom Himmel her rief eine Stimme: Du bist mein geliebter Sohn; mein Wohlgefallen ruht auf dir."

Schon jahrelang hatte ich diese Worte immer wieder gelesen, hatte über sie nachgedacht und sogar Predigten und Vorträge über sie gehalten, aber erst seit unseren Gesprächen in New York haben sie für mich einen Sinn bekommen, der weit über die Grenzen meiner eigenen religiösen Tradition hinausreicht. Unsere vielen Gespräche brachten mich zu der inneren Überzeugung, daß diese Worte: „Du bist mein geliebter Sohn" die innerste Wahrheit eines jeden Menschen freilegen, ganz gleich, welcher besonderen Tradition sie angehören mögen.

Fred, alles, was ich dir sagen möchte, ist in dieser Zusage zusammengefaßt: „Du bist der geliebte Mensch", und ich kann nur hoffen, daß du diese Worte als direkte Anrede an dich aufnehmen kannst, dir zugesprochen mit aller Zärtlichkeit und Kraft, die die Liebe nur je haben kann. Mein einziger Wunsch ist, daß diese Worte in jeder Zelle deines Wesens widerhallen mögen: „Du bist ein geliebter Mensch".

Das größte Geschenk, das dir meine Freundschaft geben kann, ist das Geschenk der Tatsache und Einsicht, daß du geliebt wirst. Ich kann dir dieses Geschenk nur dann machen, wenn ich es auch für mich selbst in Anspruch genommen habe. Geht es nicht bei aller Freundschaft zutiefst genau darum: daß man einander das Geschenk macht, geliebt zu sein?

Ja, es gibt die Stimme, die Stimme der Liebe, die Stimme, die vom Himmel her und aus deinem Inneren zu dir spricht, einmal leise geflüstert, ein anderes Mal laut gerufen: „Du bist mein Geliebter, an dir habe ich Wohlgefallen." Es ist gewiß nicht einfach, sie in einer Welt zu hören, die voller Stimmen ist, die schreien: „Du taugst zu nichts, du bist häßlich, du bist wertlos, bist unnütz, du bist niemand – oder beweise gefälligst das Gegenteil!"

Diese negativen Stimmen sind so laut und durchdringend, daß wir ihnen nur allzuschnell Gehör schenken. Das ist die große Falle. Es ist die Falle der

Unzufriedenheit mit sich selbst. Im Lauf der Jahre bin ich zu der Erkenntnis gekommen, daß die größten Fallen in unserem Leben nicht der Erfolg sind, nicht die Berühmtheit und nicht die Macht, sondern die Verachtung seiner selbst.

Erfolg, Berühmtheit und Macht können tatsächlich eine große Versuchung darstellen, doch werden sie oft nur dadurch zu so starken Verführern, daß sie im Dienst der viel größeren Versuchung stehen, sich selbst geringzuschätzen. Wenn wir schließlich den Stimmen glauben, die uns unnütz und nicht liebenswert heißen, leuchten uns Erfolg, Berühmtheit und Macht leicht als anziehende Lösungen auf. Aber die wirkliche Falle ist die Verachtung seiner selbst.

Immer wieder überrascht es mich, wie schnell ich vor dieser Versuchung kapituliere. Sobald mir jemand etwas vorwirft oder mich kritisiert, sobald ich mich abgelehnt, alleingelassen oder vergessen fühle, kommen mir Gedanken wie: „Ich hab's ja schon immer gewußt, daß ich nichts bin." Statt die Umstände kritisch in Augenschein zu nehmen oder mir klarzumachen, daß ich und auch die anderen ihre Grenzen haben, neige ich dazu, mir selbst den Schwarzen Peter zuzuschieben – nicht nur dafür, was ich getan habe, sondern auch dafür, wer und was ich bin. Mein Schatten sagt: „Ich tauge nichts ... es geschieht mir gerade recht, wenn ich beiseite geschoben, vergessen, abgelehnt, verlassen werde."

Vielleicht denkst du, daß du eher von der Überheblichkeit als vom Minderwertigkeitsgefühl in Versuchung geführt wirst. Aber ist nicht in Wirklichkeit die Überheblichkeit nur die Kehrseite des Minderwertigkeitsgefühls? Besteht der Hochmut nicht darin, daß du dich auf ein Podest stellst, damit dich niemand so sieht, wie du dich selber siehst? Ist bei näherem Zusehen nicht deine Überheblichkeit nur ein schlaues Mittel, um deine Gefühle, nichts wert zu sein, zu überspielen? Sowohl das Minderwertigkeitsgefühl als auch die Überheblichkeit entheben uns dem tatsächlichen Leben und Umgang und machen es äußerst schwierig, wenn nicht unmöglich, daß die Menschen friedlich und gütig miteinander zusammenleben. Ich weiß nur zu gut, daß hinter meiner Überheblichkeit sehr viel Selbstzweifel stekken, genau wie hinter meiner Selbstverachtung sehr viel Stolz steckt. Ob ich mich nun aufblähe oder mich herabsetze – in jedem Fall entferne ich mich von meinem wirklichen Wesen und verzerre mein Bild der Wirklichkeit.

Ich hoffe, du kannst ein Stück weit auch in dir die Versuchung zur Selbstverachtung ausmachen, mag sie sich nun eher als Überheblichkeit oder eher als Minderwertigkeitsgefühl äußern. Nicht selten betrachtet man die Geringschätzung seiner selbst lediglich als neurotischen Ausdruck einer unsicheren Persönlichkeit. Aber die Neurose ist oft der psychische Ausdruck einer viel tieferen Not des Menschen: des finsteren Gefühls, im menschlichen Dasein nicht wirklich willkommen zu sein.

Die Verachtung seiner selbst ist der größte Feind des geistlichen Lebens, denn sie sagt das gerade Gegenteil davon, was die Stimme vom Himmel her sagt: „Du bist ein geliebter Mensch." Daß wir geliebte Wesen sind, ist die Kernwahrheit unseres Daseins.

Ich stelle das so direkt und einfach in die Mitte, denn obwohl mir in meinem Leben die Erfahrung, geliebt zu sein, nie ganz fremd war, habe ich mich dennoch niemals an sie als die Grundwahrheit gehalten. Ich rannte immer in einem größeren oder kleineren Bogen um sie herum, ständig auf der Suche nach jemandem oder etwas , der oder das in der Lage gewesen wäre, mich davon zu überzeugen, daß ich wirklich geliebt werde. Es war, als stellte ich mich hartnäckig gegenüber der Stimme taub, die aus der Tiefe meines eigenen Wesens zu mir spricht und mir sagt: „Du bist mein geliebter Sohn, an dir habe ich Wohlgefallen."

Diese Stimme ist immer dagewesen, aber anscheinend war ich darauf aus, lieber auf andere, lautere Stimmen zu hören, die mir zuriefen: „Beweise, daß du etwas wert bist; vollbringe etwas Bedeutendes, Aufsehenerregendes oder Imponierendes; damit kannst du dir die Liebe verdienen, nach der du dich so sehnst!" Derweil überhörte ich die ganze Zeit die leise, gütige Stimme, die im Schweigen und in der Einsamkeit meines Herzens zu mir spricht, oder ließ mich von ihr jedenfalls nicht überzeugen.

Diese leise, gütige Stimme, die mich den Geliebten Sohn nennt, sprach in vielfältigster Weise zu mir. Meine Eltern, Freunde, Lehrer, Studenten und die vielen Fremden, die mir auf meinem Lebensweg schon begegnet sind, trugen mir, jeder auf seine ganz eigene Art, etwas vom Klang dieser Stimme zu. Sehr viele Menschen haben sich schon mit viel Zärtlichkeit und Güte um mich gekümmert. Viele haben mich mit viel Geduld und Ausdauer unterrichtet und unterwiesen. Viele haben mir Mut gemacht, meinen Weg weiterzugehen, als ich fast aufgeben wollte, und wenn ich versagt habe, gab es viele Menschen, die mir aufgeholfen und mir gesagt haben, ich solle es eben noch einmal versuchen. Ich hatte auch schon Erfolge zu verzeichnen, bin ausgezeichnet und gelobt worden … aber alle diese Zeichen der Liebe genügten doch nicht, um mich davon zu überzeugen, daß ich Gottes Geliebter Sohn sei.

Hinter all meinem vordergründig so augenfälligen Selbstvertrauen lauerte dennoch weiter die Frage: „Würden mich alle diese Menschen, die mich derart mit Aufmerksamkeit überschütten, auch noch lieben, wenn sie mich so, wie ich in meinem Innersten bin, sehen und erkennen würden?“ Diese quälende Frage, die mir mein innerer Schatten zuflüsterte, verfolgte mich unablässig. Ihretwegen rannte ich von der Stelle fort, an der ich die leise Stimme hätte vernehmen können, die mir versicherte, ich sei ein Geliebter Sohn.

Ich glaube, du verstehst, wovon ich rede. Hoffst du nicht genau wie ich darauf, irgend ein Mensch, ein Ding oder ein Ereignis werde eines Tages daherkommen und dir endgültig und zutiefst das Gefühl schenken, nach dem du dich sehnst, ganz und gar richtig und bejaht zu sein? Hoffst nicht auch du oft: „Wenn doch dieses Buch, dieser Gedanke, dieser Kurs, diese Reise, dieser Job, dieses Land oder diese Beziehung endlich meine tiefste Sehnsucht erfüllen würde!“? Doch solange du auf diesen geheimnisvollen Augenblick wartest, wirst du weiter kopflos durch die Gegend rennen, ständig unsicher und ruhelos, ständig auf Befriedigung aus und immer aufs neue enttäuscht, niemals wirklich zufrieden.

Du weißt, daß es das ist, was uns zwanghaft umtreibt, was uns ständig ins Laufen und hektische Getue hetzt – und uns zugleich mit der nagenden Frage allein läßt, ob wir mit all unserem Gerenne jemals an ein Ziel kommen werden. So läuft man geradewegs in die geistliche Erschöpfung und das innere Ausgebranntwerden hinein. Es ist der Weg in den geistlichen Tod.

Aber schau, du und ich, wir brauchen uns nicht zu Tode hetzen. Wir sind Geliebte. Wir sind zutiefst Geliebte, schon lange ehe unsere Eltern, Lehrer, Ehepartner, Kinder und Freunde uns geliebt haben. Das ist die grundlegende Wahrheit unseres Lebens. Das ist die elementare Wahrheit, an die du dich selbst halten solltest. Das ist die Wahrheit, die uns die Stimme zuspricht, die sagt: „Du bist mein Geliebter Sohn."

Wenn ich mit großer innerer Aufmerksamkeit auf diese Stimme höre, vernehme ich in meiner innersten Mitte Worte, die mir sagen: „Ich habe dich bei deinem Namen gerufen, von allem Anfang an. Du bist mein und ich bin dein. Du bist mein Geliebter Sohn, an dir habe ich immer Wohlgefallen. Ich habe dich in den Tiefen der Erde geformt und dich im Schoß deiner Mutter gewoben. Ich habe dich in meine Hand geschrieben, habe dich im Schatten meiner Flügel geborgen. Ich blicke auf dich mit unendlicher Zärtlichkeit und sorge mich um dich mit einer

Sorge, die noch viel tiefer geht als die Sorge einer Mutter um ihr Kind. Ich habe jedes Haar deines Hauptes gezählt und jeden deiner Schritte geleitet. Wo immer du hingehst, gehe ich mit dir, und wo immer du ruhst, wache ich über dich. Ich will dir Nahrung geben, die all deinen Hunger sättigen wird, will dir einen Trank geben, der all deinen Durst stillen kann. Ich will mein Angesicht nicht vor dir verbergen. Du weißt, daß ich dir gehöre, und ich weiß, daß du mir gehörst. Du gehörst zu mir. Ich bin dein Vater, deine Mutter, dein Bruder, deine Schwester, dein Liebhaber und dein Gemahl. Ja, ich bin sogar dein Kind. Wo immer du sein wirst, will auch ich sein. Nichts wird uns jemals trennen können. Wir sind eins."

Immer wenn du mit großer Aufmerksamkeit auf diese Stimme horchst, die dich Gottes Geliebten Sohn nennt, wirst du in deinem Innern die Sehnsucht entdecken, diese Stimme länger und stärker zu hören. Es ist so, als würde man in der Wüste auf eine Quelle stoßen. Hast du erst einmal feuchten Grund erreicht, willst du unbedingt tiefer graben.

In letzter Zeit habe ich sehr intensiv gegraben, und doch weiß ich, daß ich erst ein spärliches Rinnsal aus dem trockenen Sand hervorquellen sehe. Ich muß weitergraben, denn dieser kleine Bach stammt aus einem ungeheuren Wasserreservoir unter der Wüste meines Lebens. Vielleicht ist das Wort „graben" nicht das angemessene Wort, weil es den Gedanken miteinschließt, daß es harter und mühsamer Arbeit bedarf, um endlich zu der Stelle vorzudringen, an der ich meinen Durst stillen kann. Wahrscheinlich besteht unser Beitrag lediglich darin, den trockenen Sand zu entfernen, der den Brunnen überdeckt. In unserem Leben kann sich eine recht hohe Sandschicht aufgetürmt haben, aber der Eine, den so sehr danach verlangt, unseren Durst zu stillen, wird uns helfen, sie wegzuschaffen. Worauf es im Grunde einzig ankommt, ist, eine große Sehnsucht danach zu haben, das Wasser zu finden und davon zu trinken.

Du hast weniger Lebensjahre als ich. Vielleicht willst du dich erst noch einmal weiter umschauen, um restlos davon überzeugt zu sein, daß das geistliche Leben den Einsatz deiner ganzen Energie lohnt. Aber ich sorge mich mit einer gewissen Ungeduld um dich, denn ich möchte, daß du nicht zu viel von deiner kostbaren Zeit verlierst! Ich habe weniger Jahre vor mir als hinter mir. Von dir hoffe ich, daß es gerade umgekehrt ist. Darum möchte ich für dich schon jetzt sicherstellen, daß du dich nicht auf Fährten versuchst, die dich nur in Sackgassen und Verstrickungen führen. Du solltest auch nicht das Opfer einer Welt voller geheimer Verführer werden oder irgendeiner Sucht in die Falle gehen. Bei dir steht es, dich bereits jetzt klar dafür zu entscheiden, daß du die wirkliche innere Freiheit wählst und sie immer noch mehr findest.

Wenn du also jetzt ein ernsthaftes Interesse daran hast, dich auf die Reise des Geliebten Sohnes zu begeben, habe ich dir noch sehr vieles zu sagen, denn zur Reise des geistlichen Lebens bedarf es nicht nur der Entschlossenheit, vielmehr muß man auch das Gelände einigermaßen kennen, das es zu durchqueren gilt. Ich möchte nicht, daß du vierzig Jahre lang in der Wüste steckenbleibst, wie es unseren geistlichen Vorfahren beschieden war. Ich möchte nicht einmal, daß du darin so lange hausen mußt, wie ich es getan habe. Du bist mir sehr teuer, bist für mich ein guter Freund, den ich aufrichtig liebe. Zwar stimmt es, daß jeder für sich selbst lernen muß; aber dennoch glaube ich, daß wir diejenigen, die wir lieben, davor bewahren können, die gleichen Fehler zu wiederholen, die wir gemacht haben. Im Gelände des geistlichen Lebens brauchen wir Führer. Auf den Seiten, die ich jetzt schreiben will, möchte ich dir Führer und Begleiter sein. Ich hoffe, du bleibst bei deinem Wunsch, dich mit mir auf den Weg zu machen.

Wie du der geliebte Mensch wirst

Lieber Freund, der Anfang und die Vollendung des Lebens aus dem Geist bestehen darin, Gottes Geliebter Sohn zu werden. Warum sage ich das? Weil wir, sobald wir ahnungsweise diese Wahrheit erfaßt haben, auf den Weg des Suchens nach der Fülle dieser Wahrheit gesetzt werden und keine Ruhe mehr finden, bis wir in dieser Wahrheit ausruhen können. Von dem Augenblick an, da ich für mich die Wahrheit in Anspruch nehme, von Gott geliebt zu sein, trifft mich auch der Ruf, das zu werden, was ich bin. Die große geistliche Reise, die ich antreten muß, führt dorthin, wo ich voll und ganz der von Gott geliebte Mensch bin.

Das Wort des heiligen Augustinus: „Ruhelos ist mein Herz, bis es Ruhe findet in dir, o Gott", beschreibt diese Reise recht treffend. Aus dem Umstand, daß ich ständig nach Gott suche, daß ich ständig darum ringe, zur Fülle der Liebe zu gelangen, daß ich mich ständig nach allumfassender Wahrheit sehne, darf ich schließen, daß ich bereits einen Vorgeschmack von Gott, von der Liebe, von der Wahrheit verkostet habe. Ich kann nur das suchen, was ich in einem wenn auch noch so bescheidenen Maß bereits gefunden und kennengelernt habe. Wie könnte ich die Schönheit und die Wahrheit suchen, wenn ich nicht bereits im Tiefsten meines Inneren eine Ahnung von der Schönheit und Wahrheit hätte?

Es scheint, daß wir Menschenwesen alle tief in uns Erinnerungen an das Paradies, das wir verloren haben, mit uns tragen. Oder vielleicht ist das Wort „Unschuld" dafür treffender als das Wort „Paradies". Wir waren unschuldig, ehe wir anfingen, uns schuldig zu fühlen; wir lebten im Licht, ehe wir in die Finsternis gerieten; wir waren im Paradies, ehe wir anfingen, nach einer Heimat zu suchen. Tief in den Abgründen unseres Geistes und unseres Herzens liegt der Schatz verborgen, den wir suchen. Wir wissen, wie kostbar er ist, und wir wissen, daß er jenes Geschenk enthält, nach dem wir uns am meisten sehnen: das Geschenk eines Lebens, das stärker ist als der Tod.

Wenn es stimmt, daß wir nicht nur der Geliebte Sohn *sind,* sondern daß wir auch der Geliebte Sohn *werden* müssen; wenn es stimmt, daß wir nicht nur Kinder Gottes *sind,* sondern daß wir auch Kinder Gottes *werden* müssen; wenn es stimmt, daß wir nicht nur Brüder und Schwestern *sind,* sondern daß wir auch Brüder und Schwestern *werden* müssen ... wenn all das stimmt, wie können wir es anstellen, diesen Prozeß des Werdens in Gang zu setzen? Wenn das geistliche Leben nicht nur eine Weise ist, etwas zu sein, sondern auch eine Weise, etwas zu werden – wie sieht dann dieses Werden aus?

Du bist Pragmatiker genug, um die Frage zu stellen, wie wir es anstellen sollen, von der ersten zur zweiten Unschuld zu gelangen, von der ersten zur zweiten Kindheit, vom Geliebter-Sohn-Sein zum vollen Geliebter-Sohn-Werden. Diese Frage ist äußerst wichtig, denn sie zwingt uns, alles romantische Schwärmen und Idealisieren fahren zu lassen und uns auf die ganz konkrete Wirklichkeit unseres alltäglichen Lebens einzulassen. *Der Geliebte Sohn werden, das bedeutet, die Wahrheit Fleisch werden lassen, daß wir geliebt werden, und zwar in restlos allem, was wir denken, sagen oder tun.* Das setzt einen langen und mühsamen Prozeß der Aneignung oder besser: der Fleischwerdung voraus.

Solange die Wahrheit, daß ich „Geliebter Sohn" bin, nicht mehr als eine erhabene Idee ist, die über meinem Leben schwebt, um mich davor zu bewahren, in Depressionen zu verfallen, ändert sich nichts Wesentliches. In Wirklichkeit geht es darum, daß ich mitten in den Banalitäten meines Alltags der Geliebte Sohn werde und daß sich Stück für Stück die Kluft schließt zwischen dem, wovon ich weiß, daß ich es bin, und den unzähligen Einzelheiten meines tagtäglichen Lebens. Der Geliebte Sohn zu werden bedeutet, die Wahrheit, die mir vom Himmel her offenbart ist, auf den Boden der Gewöhnlichkeit herabzuholen, in der ich bin und mit der ich mich im Denken und Reden unablässig beschäftige.

Wenn ich an dein Leben und an das Leben Robins und deiner Freunde denke, wird mir klar, unter welchem Druck ihr ständig lebt. Du und Robin, ihr wohnt mitten in New York in einer kleinen Wohnung; ihr müßt ständig arbeiten, um euch das Geld für Miete und Nahrung zu verdienen; ihr müßt tausend kleine Dinge tun, müßt telefonieren und Briefe schreiben, einkaufen und kochen, den Kontakt zu eurer Familie und euren Freunden aufrechterhalten, auf dem Laufenden bleiben über das, was sich in eurer Stadt, eurem Land und eurer Welt ereignet.

All das scheint ziemlich viel für ein oder zwei Menschen zu sein, und gewöhnlich stellen diese ganz einfachen konkreten Dinge des Alltagslebens das Rohmaterial dar, mit dem wir unsere Gespräche bestreiten. Die Frage: „Hallo, wie geht's?" gibt den Anlaß zu ganz wirklichkeitsnahen Äußerungen über eure Hochzeit, eure Familie, über Gesundheit, Arbeitsplatz, Geld, Bekanntschaften und Vorhaben für die unmittelbare Zukunft. Selten jedoch führt das zu tiefergehenden Gedanken über Ursprung und Ziel unseres Daseins. Dennoch bin ich zutiefst davon überzeugt, daß sowohl der Ursprung als auch das Ziel unseres Daseins etwas mit der Art und Weise zu tun haben, wie wir im Alltag denken, reden und handeln. Wenn meine tiefste Wahrheit die ist, daß ich von Gott geliebt bin, und wenn meine größte Freude und mein tiefster Friede daher kommen, daß ich voll aus dieser Wahrheit lebe, ist der logische Schluß, daß diese Wahrheit in der Art und Weise, wie ich esse und trinke, rede und liebe, spiele und arbeite, sichtbar und greifbar werden muß. Wenn die tiefsten Ströme meines Lebens keinerlei Einfluß mehr auf die Wellenbewegungen auf der Oberfläche haben, wird sich meine Vitalität womöglich im Sand verlaufen, und ich werde sogar mitten in meiner Betriebsamkeit voller Lustlosigkeit und Langeweile sein.

Ich will mir also jetzt die Aufgabe stellen, etwas über diesen Prozeß zu schreiben, in dessen Verlauf man immer mehr zum Geliebten Sohn wird, und zwar, wie er sich in unserem konkreten Alltagsleben abspielt. Ich möchte dabei versuchen, die Regungen des Geistes Gottes zu beschreiben, die sich in uns und in unserer Umgebung bemerkbar machen.

Du weißt, wir leben in einem sehr „psychologischen" Zeitalter. Wir wissen eine Menge über unsere Affekte, Leidenschaften und Gefühle. Wir sind uns ganz gut dessen bewußt, daß es zwischen unserem jetzigen Verhalten und unseren frühkindlichen Erfahrungen viele Zusammenhänge gibt. Wir wissen eine Menge über unsere eigene psycho-sexuelle Entwicklung und können ganz gut die Situationen, bei denen wir uns als bloße Opfer verhalten, von denjenigen unterscheiden, in denen wir aus wirklicher Freiheit heraus handeln. Wir wissen einiges über Abwehrmechanismen; wir wissen, daß wir unser eigenen Bedürfnisse und Ängste auf andere projizieren, und wir wissen, daß unsere Selbstzweifel unsere Kreativität blockieren können.

Meine Frage ist: Sind wir imstande, genauso klar und deutlich, wie wir unsere psychologische Reise beschreiben können, auch unsere geistliche Reise zu erörtern? Können wir den geheimnisvollen Prozeß, in dessen Verlauf wir zum Geliebten Sohn werden, genauso hellsichtig gestalten, wie wir die „Dynamik" unserer Psyche beeinflussen können?

Du stellst vielleicht gleich die Frage, ob die Regungen des Geistes so grundverschieden von den psychodynamischen Prozessen sind. Ich glaube, sie sind es tatsächlich, obwohl sie sich mit diesen in vielerlei Hinsicht verbinden und überschneiden. Was ich beschreiben möchte, ist, wie sich die Regungen des Geistes der Liebe in unserem Alltagskampf bemerkbar machen und wie wir bestimmte Methoden entwickeln können, um diesen Regungen aufmerksam zu folgen und ihnen in unserem praktischen Leben zu entsprechen.

Als Hilfe, damit du die Regungen des Geistes Gottes in deinem Leben deutlich ausmachen kannst, will ich vier Tätigkeitswörter nennen: *nehmen, segnen, brechen* und *hergeben.* Mit diesen Worten läßt sich mein Leben als Priester zusammenfassen, denn jeden Tag, wenn ich mich mit den Mitgliedern meiner Gemeinschaft um den Tisch versammle, nehme ich Brot, segne es, breche es und gebe es an sie weiter. Diese Worte fassen auch mein Leben als Christ zusammen, denn als Christ habe ich die Berufung, Brot für die Welt zu werden: Brot, das genommen, gesegnet, gebrochen und hergegeben wird. Was aber noch wichtiger ist: sie fassen auch mein Leben als Mensch zusammen, denn in jedem Augenblick meines Lebens findet irgendwo und irgendwie das Nehmen, das Segnen, das Brechen und das Hergeben statt.

An dieser Stelle muß ich dir sagen, daß diese vier Wörter für mich die wichtigsten Wörter meines Lebens geworden sind. Ihre Bedeutung hat sich mir erst nach und nach erschlossen, und ich habe den Eindruck, daß ich ihre Tiefe niemals ganz ausloten werde. Nur sie sind die allerpersönlichsten und die allumfassendsten Wörter. Sie bringen sowohl die allergeistlichste als auch die allerweltlichste Wahrheit zum Ausdruck. Sie sprechen vom göttlichsten und zugleich auch vom menschlichsten Verhalten. Sie reichen sehr hoch hinauf und auch sehr tief hinunter, sie umfassen sowohl Gott als auch alle Menschen. In sehr komprimierter Form beschreiben sie unser gesamtes komplexes Leben und bergen zugleich sein unablässig sich entfaltendes Geheimnis. Sie sind die Schlüssel zum Verständnis nicht nur des Lebens der großen Propheten Israels und des Lebens Jesu, sondern auch zum Verständnis des Lebens eines jeden von uns. Ich habe sie nicht nur deshalb ausgewählt, weil sie so tief in mein Wesen eingeschrieben sind, sondern auch, weil ich durch sie auf den Weg gesetzt worden bin, der mich immer tiefer in die Wirklichkeit hineinführt, der Geliebte Sohn Gottes zu sein.

I. Genommen

Um der Geliebte Sohn zu werden, mußt du zuerst einmal bewußt zur Tatsache stehen, daß du *genommen,* gepackt worden bist. Das klingt zunächst vielleicht recht merkwürdig, aber trotzdem: für das Hineinwachsen in die volle Wirklichkeit, Gottes Geliebter Sohn zu sein, ist es unerläßlich, daß man sich selbst genommen wird. Wie ich dir schon gesagt habe, können wir uns nur danach sehnen, Geliebter Sohn zu werden, wenn wir wissen, daß wir bereits der Geliebte Sohn sind. Deshalb besteht der erste Schritt im geistlichen Leben darin, mit seinem ganzen Wesen wahrzuhaben und anzuerkennen, daß man bereits „genommen" worden ist, daß schon jemand nach einem gegriffen hat.

Vielleicht hilft es an dieser Stelle, wenn wir statt „nehmen", das ein etwas kaltes und sprödes Wort ist, ein wärmeres, weicheres Wort verwenden, das die gleiche Bedeutung hat: das Wort „auswählen". Als Kinder Gottes sind wir Gottes *Auserwählte.*

Ich hoffe, das Wort „Auserwählte" sagte dir etwas. Das muß für dich ein Wort sein, das voller besonderer Anklänge ist. Als Jude kennst du all das Positive und Negative, das in der Vorstellung mitschwingt, ein Mitglied von Gottes auserwähltem Volk zu sein.

Du hast mir oft vom reichen Erbe deiner Familie erzählt, vom tiefen Glauben deiner Großeltern und von den vielen Traditionen, die deine Eltern mit der heiligen Geschichte eures Volkes verbunden hat. Aber du hast mir auch von den grausamen Pogromen in der „alten" Heimat erzählt und von der langen und mühsamen Reise, auf der deine Mutter und dein Vater schließlich nach Amerika gekommen sind. Obwohl du persönlich nie unmittelbar einer Verfolgung ausgesetzt warst, bist du dir doch deutlich dessen bewußt, daß solche Erlebnisse ein fester Bestandteil deiner eigenen Geschichte sind und daß sie schrecklich nahe unter der Oberfläche deines Lebens schlummern. Du hast mich darauf aufmerksam gemacht, daß der Antisemitismus unablässig lauert, in den vielfältigsten Formen, und jüngste Ereignisse sowohl in Europa als auch in den USA können dich nur in deiner Überzeugung bestärken, daß der Vorwurf, „an allem seien nur die Juden schuld", noch längst nicht der Vergangenheit angehört.

Es würde mich nicht überraschen, wenn ein Teil von dir heftig gegen die Vorstellung aufbegehren würde, auserwählt zu sein. Ich kenne das aus meinem eigenen Leben. Da ich ordinierter Priester bin, hat man mich oft als einen ganz besonderen Menschen behandelt, als einen „Ausgesonderten", als einen, der auserwählt ist, etwas Besonderes zu sein. Oft habe ich zu zeigen oder zu beweisen versucht, daß ich „einfach ich selber" bin (das J. M. in meinem Namen habe ich gelegentlich in diesem Sinn erklärt: es bedeute „just me – einfach ich selbst" ...) und daß ich ganz und gar nicht darauf aus sei, auf ein Podest gestellt und als ein ganz besonderer Mensch behandelt zu werden. Wie du sicher auch, spürte ich immer die Gefahr, entweder verfolgt oder bewundert zu werden, wenn man als ein ganz Besonderer, Auserwählter behandelt wird.

Aber trotzdem bin ich zutiefst davon überzeugt, daß wir für uns selbst in Anspruch nehmen müssen, „Genommene", „Auserwählte" zu sein, wenn wir ein geistliches Leben führen wollen. Ich will versuchen, etwas ausführlicher über diese Wörter zu sprechen.

Wenn ich weiß, daß ich ausgewählt worden bin, weiß ich, daß jemand an mir etwas Besonderes gesehen hat. Jemandem ist in die Augen gefallen, daß ich einmalig bin, und er hat den Wunsch zum Ausdruck gebracht, mich kennenzulernen, mir näherzukommen, mich zu lieben. Wenn ich dir also schreibe, du seiest Gottes Geliebter Sohn, dann will ich damit sagen, daß Gott dich seit aller Ewigkeit angeschaut und in dir ein einzigartiges, besonderes, kostbares Wesen gesehen hat.

Mir fällt es sehr schwer, richtig zu beschreiben, welch tiefe Bedeutung das Wort „auserwählt" für mich hat, aber ich hoffe, du bist bereit, mir von innen her zuzuhören. Von aller Ewigkeit her, lange bevor du geboren und ein Teil der Geschichte geworden bist, hast du bereits in Gottes Herz existiert. Lange bevor dich deine Eltern bewundert, deine Freunde deine Talente geschätzt oder deine Lehrer, Kollegen und Arbeitgeber dir Mut gemacht haben, bist du schon „auserwählt" worden. Die Augen der Liebe hatten dich schon lange zuvor als kostbar erkannt, als unendlich schön, als ewig wertvoll. Wenn die

Liebe jemanden auserwählt, dann wählt sie mit vollkommenem Feingespür die einmalige Schönheit des Auserwählten, und sie wählt solchermaßen, daß sich kein anderer Mensch ausgeschlossen fühlt.

Wir rühren hier an ein großes Geheimnis der geistlichen Wirklichkeit: der Umstand, auserwählt zu werden, bedeutet nicht, daß andere verworfen werden. In einer Welt wie der unsrigen, die völlig vom Wettbewerb geprägt ist, kann man sich das nur sehr schwer vorstellen. Alle meine Erinnerungen an Situationen, bei denen ich ausgewählt worden bin, sind untrennbar mit Erinnerungen verknüpft, daß jemand anderer leer ausgegangen ist. Als ich nicht in die Mannschaft für ein wichtiges Fußballspiel ausgewählt wurde, als ich bei den Pfadfindern nicht zum Sippenführer gewählt wurde, oder als ich zum Klassensprecher meiner Abiturklasse gewählt wurde, oder als ich für bestimmte Auszeichnungen ausgewählt wurde, gab es neben strahlenden Gesichtern auch immer Tränen und neben Tränen strahlende Gesichter. Da war immer Wettbewerb und Vergleichen im Spiel. Oft habe ich jemandem zum Trost sagen müssen: „Daß du nicht ausgewählt worden bist, bedeutet nicht, daß du nichts taugst, sondern bloß, daß halt jemand ein bißchen besser ist als du." Aber selbst diese Worte waren selten ein wirklicher Trost, denn der Nachgeschmack, übergangen worden zu sein, blieb doch immer hängen. Und wenn ich als der Beste ausgewählt und herausgehoben wurde, spürte ich immer, wie enttäuscht andere waren, daß sie nicht an meiner Stelle sein konnten. Dann war ich es, der den Zuspruch brauchte: „Daß du ausgewählt worden bist, bedeutet nicht, daß die anderen nichts taugen, sondern bloß, daß du halt ein bißchen besser bist als sie." Aber noch einmal, diese Worte halfen nicht viel, denn ich konnte die anderen nicht voll und ganz an meinem Glück teilhaben lassen.

In dieser Welt bedeutet Auserwähltsein immer unvermeidlich, von anderen abgehoben und getrennt zu werden. Du weißt, wie in unserer Gesellschaft mit ihrem extremen Wettbewerb alle mit äußerster Aufmerksamkeit auf die „Auserwählten" schauen. Ganze Zeitschriften kreisen um nichts anderes als um die „Stars" von Sport, Film, Musik, Theater und anderen Formen des Bekanntwerdens. Sie sind die „Auserwählten", und ihre Verehrer, seien es Leser, Zuhörer oder Zuschauer, haschen nach ein wenig Abglanz von ihrem Ruhm, indem sie das Gefühl pflegen, sie zu kennen oder ihnen nahe zu sein.

Als der Geliebte Sohn Gottes auserwählt zu sein, ist etwas davon Grundverschiedenes. Statt andere auszuschließen, schließt das andere ein. Statt andere als weniger wertvoll hintanzustellen, läßt das die anderen mit der ihnen eigenen Einmaligkeit gelten. Diese Wahl findet nicht im Kontext eines Konkurrenzkampfes statt, sondern im Klima der Einfühlung und der Zuneigung. Unser Vorstellungsvermögen tut sich mit einer solchen Wirklichkeit sehr schwer. Vielleicht versteht das unser Verstand nie ganz. Wahrscheinlich bringt das nur unser Herz fertig. Sobald wir von „auserwählten Menschen", „auserwählten Talenten" und „auserwählten Freunden" hören, denken wir fast unvermeidlich an Eliten und neigen spontan zu Gefühlen der Eifersucht, des Ärgers oder der Abneigung. Schon oft hat das Gefühl, daß andere auserwählt seien, zu Aggression, Gewalttaten und Krieg geführt.

Aber ich bitte dich inständig, liefere das Wort „auserwählt" nicht der Welt aus. Hab den Mut, es für dich selbst zu beanspruchen, selbst wenn es unablässig mißverstanden wird. Du mußt an der Wahrheit festhalten, daß du ein Auserwählter bist. Diese Wahrheit ist das Felsenfundament, auf das du dein Leben als Geliebter Sohn Gottes aufbauen kannst. Wenn du keine Beziehung mehr zur Tatsache hast, daß du auserwählt bist, setzt du dich der Versuchung aus, dich selbst zu verachten, und diese Versuchung vereitelt die Möglichkeit, weiter in die Wirklichkeit hineinzuwachsen, daß du Gottes Geliebter Sohn bist.

Wenn ich in mich hinein und auch wenn ich in meine Umgebung schaue, entdecke ich überwältigend viele Stimmen der Finsternis, die mir einreden: „Du bist nichts Besonderes; du bist bloß einer unter Millionen; du bist lediglich ein Esser mehr auf Erden, deine Bedürfnisse schaffen bloß einige Probleme mehr, die gelöst werden wollen." Diese Stimmen nehmen an Stärke eher zu, besonders in einer Zeit, in der so viele Beziehungen in die Brüche gehen. Viele Kinder fühlen sich niemals wirklich willkommen in der Welt. Hinter ihrem angestrengten Lächeln steckt oft die Frage: „Mag man mich wirklich?" Manche Jugendliche bekommen sogar ausdrücklich von ihrer Mutter zu hören: „Du bist unvorhergesehen gekommen. Aber als ich merkte, daß ich schwanger war, habe ich dich halt angenommen ... Du warst eine Art Betriebsunfall."

Aussagen oder Haltungen wie diese helfen einem Menschen ganz und gar nicht, sich als „auserwählt" zu fühlen. Unsere Welt ist voller Menschen, die sich die Frage stellen, ob es nicht besser gewesen wäre, wenn sie gar nicht geboren wären. Wenn wir uns nicht von denen geliebt fühlen, die uns das Leben geschenkt haben, leiden wir oft unser Lebtag an einem Minderwertigkeitsgefühl, das leicht in Depressionen, Verzweiflung und sogar Selbstmord führen kann.

Inmitten dieser äußerst schmerzlichen Wirklichkeit müssen wir den Mut aufbringen, daß wir Gottes Auserwählte sind, und daß wir das auch dann sind, wenn unsere Umgebung uns ganz und gar nicht als Auserwählte behandelt. Solange wir es unseren Eltern, Geschwistern, Lehrern, Freunden und Liebhabern überlassen, darüber zu bestimmen, ob wir auserwählt sind oder nicht, bleiben wir im Netz einer erstickenden Welt gefangen, die von ihren eigenen Wertmaßstäben der Nützlichkeit und der Verfügbarkeit her befindet, ob wir akzeptabel oder abzulehnen sind.

Sein Auserwähltsein mutig zu behaupten, ist oft ein mühsames Unterfangen. Man muß sein Leben lang darum ringen, denn die Welt betreibt unablässig weiter hartnäckig ihren Versuch, uns ins Dunkel der Selbstzweifel, der Geringschätzung und Ablehnung unserer selbst und der Depression zu zerren. Sie tut das deshalb, weil wir von den Mächten, die uns umgeben, am leichtesten als unsichere, ängstliche, uns minderwertig fühlende Menschen für ihre Zwecke gebraucht und manipuliert werden können. Der entscheidende geistliche Kampf beginnt damit, daß wir darauf Anspruch erheben, Auserwählte zu sein; und wir kommen mit ihm nie an ein Ende.

Lange bevor uns irgendein Mensch gesehen hat, hat uns schon Gottes Antlitz angeschaut, das von Liebe strahlt. Lange bevor uns irgendjemand weinen oder lachen gehört hat, hat uns Gott schon gehört, der ganz Ohr für uns ist. Lange bevor irgendein Mensch in dieser Welt etwas zu uns gesagt hat, hat uns schon die Stimme der ewigen Liebe angesprochen. Unsere Kostbarkeit, Einmaligkeit und Individualität erhalten wir nicht von denen, die uns in der von Uhren meßbaren Zeit begegnen – in unserer kurzen chronologischen Existenz –, sondern von dem Einen, der uns aus immerwährender Liebe auserwählt hat, aus einer Liebe, die von Ewigkeit her existierte und in alle Ewigkeit fortdauern wird.

Wie können wir unser Auserwähltsein erfahren, wenn wir in einem Klima des Abgelehntwerdens leben? Ich habe schon gesagt, daß dazu ein echter geistlicher Kampf notwendig ist. Gibt es Richtlinien für diesen Kampf? Ich will versuchen, einige zu formulieren.

Zunächst einmal mußt du ständig die Welt, die dich umgibt, entlarven und dir klarmachen, wie sie in Wirklichkeit beschaffen ist: Sie manipuliert dich, sie kontrolliert dich, sie ist machtgierig und auf lange Sicht destruktiv. Die Welt schwätzt dir eine Menge Lügen darüber vor, wer du bist, und du mußt einfach realistisch genug sein, um dir das immer wieder vor

Augen zu halten. Jedesmal, wenn du dich verletzt, beleidigt oder abgelehnt fühlst, brauchst du den Mut, dir selber zu sagen: „Diese Gefühle mögen noch so stark sein – sie sagen mir nicht die Wahrheit über mich selbst. Ich kann die eigentliche Wahrheit zwar im Augenblick selbst nicht fühlen, aber sie lautet, daß ich das auserwählte Kind Gottes bin, daß ich in Gottes Augen kostbar bin, daß Gott mich seit aller Ewigkeit seinen Geliebten nennt und daß er mich in grenzenloser Sicherheit in seinen Armen hält."

Zweitens solltest du immer wieder Menschen und Orte aufsuchen, wo dir deine Wahrheit zugesprochen wird und wo du daran erinnert wirst, daß deine tiefste Identität darin besteht, Gottes Auserwählter zu sein. Ja, wir müssen den Mut aufbringen, ganz bewußt zu unserem Auserwähltsein zu stehen und es unseren Strebungen, Gefühlen oder Leidenschaften nicht zu erlauben, uns zur Selbstverachtung zu verführen.

Die Synagogen, die Kirchen, die vielen Glaubensgemeinschaften, die verschiedenen Helferkreise, die uns bei der Bewältigung unserer Süchte beistehen, unsere Familie, unsere Freunde, Lehrer und Studenten: sie alle können uns helfen, uns immer wieder an unsere innerste Wahrheit zu erinnern. Diejenigen, die unser Menschsein teilen, können uns mit ihrer begrenzten, zuweilen gebrochene Liebe dennoch immer wieder auf die Grundwahrheit hinweisen, wer wir sind: kostbar in Gottes Augen. Diese Wahrheit ist nicht nur eine innere Wahrheit, die aus unserer Mitte aufsteigt. Das ist auch eine Wahrheit, die uns von dem Einen offenbart wird, der uns auserwählt hat. Deshalb müssen wir unablässig auf die vielen Männer und Frauen in der Geschichte hören, die uns durch ihr Wort und Beispiel zu ihr zurückrufen.

Drittens mußt du dein Auserwähltsein immer wieder bewußt feiern. Das heißt, du solltest Gott „Danke" dafür sagen, daß er dich auserwählt hat, und du solltest zu allen „Danke" sagen, die dich daran erinnern, daß du auserwählt bist. Die Dankbarkeit ist die fruchtbarste Weise, dein Bewußtsein dafür zu vertiefen, daß du nicht das Ergebnis eines „Betriebsunfalls" bist, sondern die Frucht einer göttlichen Wahl.

Es ist wichtig für uns, zu erkennen, wie oft wir schon die Gelegenheit hatten, uns dankbar zu erweisen, und sie nicht genutzt haben. Wenn jemand freundlich zu uns ist, ein Vorfall eine gute Wendung nimmt, sich die Lösung eines Problems einstellt, eine Beziehung wieder gelingt, eine Wunde verheilt – dann gibt es recht greifbare Gründe, sich ausdrücklich zu bedanken, sei es mit Worten, mit Blumen, mit einem Brief, einer Postkarte, einem Anruf oder sonst einem Zeichen der Erkenntlichkeit.

Jedoch können uns genau die gleichen Anlässe auch Gelegenheit dazu geben, kritisch, skeptisch, ja sogar zynisch zu sein, denn wenn jemand freundlich zu uns ist, können wir seine/ihre Motive in Frage stellen; wenn ein Vorfall eine gute Wendung nimmt, hätte die Wendung immer noch besser ausfallen können; wenn ein Problem gelöst ist, taucht oft an seiner Stelle ein neues auf; wenn eine Beziehung wieder gelingt, kann man immer fragen: „Wie lange wird das anhalten?"; wenn eine Wunde verheilt ist, kann immer noch ein Schmerz zurückbleiben ... Wo also ein Grund zur Dankbarkeit vorhanden ist, kann man auch immer einen Grund zur Bitterkeit finden.

An dieser Stelle stehen wir vor der Freiheit, eine klare Wahl zu treffen. Wir können wählen, ob wir dankbar oder ob wir bitter sein wollen. In diesem Augenblick haben wir die Wahl, ob wir unser Auserwähltsein anerkennen oder ob wir uns auf die dunkle Seite der Situation konzentrieren. Wenn wir hartnäckig immer nur die Schattenseiten sehen, werden wir am Ende womöglich in der Finsternis enden.

Ganz praktisch erlebe ich das jeden Tag in unserer Gemeinschaft. Die Kerngruppe, die Männer und Frauen mit geistigen Behinderungen, haben viele Gründe dafür, verbittert zu sein. Viele von ihnen machen Erfahrungen tiefer Einsamkeit, werden von Familienmitgliedern oder Freunden abgelehnt, leben mit der unerfüllten Sehnsucht nach einem Lebenspartner, müssen mit der ständigen Demütigung leben, immer auf die Hilfe anderer angewiesen zu sein. Und dennoch wählen sie meistens nicht die Möglichkeit, bitter zu werden, sondern dankbar für die vielen kleinen Geschenke in ihrem Leben zu sein – für die Einladung zu einem Essen, für einige Ferientage oder eine Geburtstagsfeier, und vor allem für ihren Alltag im Gemeinschaftsleben mit Menschen, die ihnen Freundschaft und Hilfe bieten. Sie wählen statt der Bitterkeit die Dankbarkeit. Dadurch werden sie zu einer reichen Quelle der Hoffnung und der Inspiration für alle ihre Helfer, die zwar nicht geistig behindert sind, aber doch vor die gleiche Wahl gestellt sind.

Wenn wir beharrlich nach dem Licht ausschauen, werden wir erleben, daß wir auch selbst immer mehr Licht ausstrahlen. Was mich vor allem fasziniert, ist die Beobachtung, daß ich jedesmal, wenn ich mich für die Dankbarkeit entscheide, viel leichter neue Gründe zum Dankbarsein entdecke. Die Dankbarkeit erzeugt neue Dankbarkeit, so wie die Liebe neue Liebe hervorbringt.

Ich hoffe, diese drei Richtlinien können dir helfen, dir in deinem Alltagsleben immer wieder ins Bewußtsein zu rufen, das du auserwählt bist. Mir selbst sind das drei wichtige geistliche Übungen, um ausdrücklich als Auserwählter zu leben. Es ist nicht leicht, sie immer einzuhalten, vor allem dann nicht, wenn man in einer Krise steckt. Ehe ich es recht merke, verfalle ich schon wieder in Selbstmitleid, brüte über dem Gefühl, von irgendjemand abgelehnt zu werden und sinne auf Wege, mich zu revanchieren. Wenn ich mich aber treu an diese drei Übungen halte, kann ich immer wieder über meinen eigenen Schatten in das Licht meiner eigentlichen Wahrheit springen.

Ehe ich diese Gedanken über das „Auserwähltsein“ abschließe, möchte ich dir noch ans Herz legen, wie wichtig diese Wahrheit für unsere Beziehungen zu anderen ist. Wenn wir die Wahrheit, Gottes Auserwählte zu sein, für uns selbst immer wieder in Anspruch nehmen, entdecken wir bald in uns selbst den tiefen Wunsch, auch anderen das Geheimnis zu erschließen, daß sie Gottes Auserwählte sind. Statt daß wir uns besser, großartiger oder wichtiger als andere fühlen, öffnet uns das Bewußtsein, Auserwählte zu sein, die Augen dafür, daß auch andere Auserwählte sind. Darin besteht die ungeheure Freude des Auserwähltseins: in der Entdeckung, daß auch andere auserwählt sind.

Im Haus Gottes gibt es viele Wohnungen. Für jeden gibt es darin einen Platz – seinen einmaligen, besonderen Platz. Wenn wir selbst erst einmal das ganz tiefe Vertrauen haben, daß wir in Gottes Augen kostbar sind, werden wir auch fähig, die kostbaren Seiten anderer zu entdecken und zu ahnen, daß sie ihren einmaligen Platz in Gottes Herz haben.

Ich muß in diesem Zusammenhang an Helen denken, ein behindertes Mitglied unserer Gemeinschaft. Als sie vor einigen Jahren nach Daybreak kam, blieb sie mir ziemlich fremd, ja ich war ihr gegenüber sogar etwas unsicher. Sie lebte in ihrer kleinen ganz eigenen Welt, gab nur wirre, lästige Geräusche von sich und knüpfte nie irgendeine persönliche Beziehung. Aber als wir sie im Lauf der Zeit näher kennenlernten und im Glauben darauf vertrauten, daß auch sie eine einmalige Gabe zu bieten habe, kam sie ganz allmählich aus ihrem Schneckenhaus heraus. Sie begann, uns anzulächeln und wurde für die ganze Gemeinschaft eine wertvolle Quelle der Freude.

Mir wird jetzt erst klar, daß ich mich selbst innerlich gut fühlen mußte, um für die ganz persönlichen guten Seiten von Helen einen Blick zu bekommen. Solange ich in meinen Selbstzweifeln und Ängsten befangen gewesen war, hatte ich für Helen keinen Raum schaffen können, in dem sie mir ihre innere Schönheit hätte offenbaren können. Aber sobald ich mir wieder meiner eigenen Auserwählung bewußt war, konnte ich für Helen offen sein und wahrnehmen, daß sie ein Mensch war, der mir viel, sehr viel zu bieten hatte.

Man kann unmöglich miteinander um Gottes Liebe rivalisieren. Gottes Liebe ist eine Liebe, die alle Menschen einschließt – jeden einzelnen mit seiner einmaligen Art. Aber erst wenn wir unseren ganz persönlichen Platz in Gottes Liebe eingenommen haben, können wir die Erfahrung dieser allumfassenden Liebe machen, die keinen mit dem anderen vergleicht und keinen gegen den anderen ausspielt, und wir können uns geborgen fühlen, nicht nur mit Gott allein, sondern zusammen mit allen unseren Brüdern und Schwestern.

Du und ich, wir wissen, daß das im wirklichen Leben tatsächlich ganz genau so ist. Wir sind jetzt schon viele Jahre befreundet. Am Anfang haben wir uns insgeheim gelegentlich miteinander verglichen, waren ein bißchen eifersüchtig aufeinander, haben eine gewisse Rivalität empfunden. Aber mit dem Älterwerden wurden wir uns auch unserer jeweiligen Einzigartigkeit sicherer; alles Rivalitätsdenken ist so gut wie ganz verschwunden, und es ist uns immer besser gelungen, gegenseitig in uns das Beste zu wecken und zu ermutigen. Bei dir fühle ich mich so wohl, weil ich weiß, daß du mich als den magst, der ich bin, und nicht bloß als den, der irgendetwas für dich tut. Und du fühlst dich wohl, wenn ich dich besuchen komme, weil du weißt, daß ich an dir deine Güte, deine Qualitäten und deine vielen Talente bewundere – und das nicht, weil sie mir recht gelegen kämen, sondern ganz einfach um deiner selbst willen. Einander echte Freunde zu sein – das bedeutet, daß der eine im andern das Bewußtsein seines einmaligen Auserwähltseins weckt und daß sich beide gegenseitig in der Überzeugung bekräftigen, in Gottes Augen kostbar zu sein. Sowohl dein Leben, als auch meines sind einmalig. Niemand hat schon einmal dein oder mein Leben gelebt, und niemand wird das jemals wieder tun. Unser beider Leben sind einmalige Steine im Mosaik des menschlichen Daseins – unbezahlbar und unersetzbar.

Die Voraussetzungen dafür, daß man Gottes Geliebter Sohn ist, besteht darin, daß man auserwählt ist. Ein Leben lang muß man um dieses Bewußtsein, auserwählt zu sein, ringen, aber es ist auch ein Leben lang eine Quelle der Freude.

Je ausdrücklicher wir aus dieser Wahrheit leben, desto leichter werden wir auch einen weiteren Gesichtspunkt der Wahrheit, daß wir Gottes Geliebte Söhne sind, entdecken: daß wir Gesegnete sind. Laß mich jetzt darüber mit dir sprechen.

II. Gesegnet

Als Geliebte Kinder Gottes sind wir Gesegnete. Das Wort „Segen“ ist für mich im Lauf der letzten Jahre sehr wichtig geworden, und du bist einer der Menschen, die mich dahin geführt haben.

Erinnerst du dich noch, wie du mich eines Samstagmorgens in New York City in die Synagoge mitgenommen hast? Bei unserer Ankunft dort stellten wir fest, daß eine „bar mitzvah“ stattfand. Ein dreizehnjähriger Jugendlicher wurde von seiner Gemeinde in den Erwachsenenstand aufgenommen. Zum ersten Mal stand er dem Gottesdienst vor. Er las einen Abschnitt aus dem Buch Genesis vor und hielt eine kurze Ansprache darüber, wie wichtig es sei, unsere Umwelt schonend zu behandeln. Der Rabbi und seine Freunde bestätigten ihn, und seine Eltern gaben ihm ihren Segen. Es war das erste Mal, daß ich eine bar mitzvah miterlebte, und ich war tief davon betroffen – und vor allem vom Segen der Eltern. Immer noch höre ich den Vater sagen: „Mein Sohn, was immer dir in deinem Leben geschehen wird, ob du erfolgreich sein wirst oder nicht, ob du berühmt werden wirst oder nicht, ob du gesund bleiben wirst oder nicht – sei immer dessen eingedenk, daß deine Mutter und ich dich über alles lieben.“ Als er dies im Angesicht der Gemeinde sagte und dabei voll Zuneigung den Jungen anschaute, der vor ihm stand, kamen mir Tränen in die Augen, und ich dachte: „Was für eine Gnade ist doch ein solcher Segen."

Immer stärker kommt mir zu Bewußtsein, wie sehr wir ängstliche, verschreckte, verunsicherte Menschenwesen eines Segens bedürfen. Die Kinder brauchen den Segen ihrer Eltern, die Eltern brauchen den Segen ihrer Kinder. Wir alle haben es nötig, uns gegenseitig zu segnen: die Lehrer und die Lernenden, die Rabbiner und die Schüler, die Bischöfe und die Priester, die Liebenden und die Freunde.

Aber laß mich zunächst genauer erklären, was mit dem Wort „Segen" gemeint ist. Im lateinischen heißt segnen „benedicere". Das Wort „benedizieren", das es im Sprachgebrauch vieler Kirchen gibt, bedeutet wörtlich: über jemanden Gutes (bene) sagen (dicere). Ich finde darin einen tiefen Sinn. Denn tatsächlich brauche ich es, daß ich gute Dinge über mich sagen höre, und ich weiß, wie sehr auch du darauf angewiesen bist. Heutzutage sprechen wir oft davon, daß wir einander gegenseitig bestätigen müssen. Man kann nur schlecht leben, ohne gelegentlich Bestätigung zu erfahren. Wenn man jemanden segnet, heißt das, ihm in höchstmöglicher Form Bestätigung zu schenken.

Ein Segen ist wesentlich mehr als ein Wort des Lobes oder der Anerkennung; er ist mehr als ein Hinweis auf die Talente oder guten Taten eines Menschen; er bedeutet mehr, als jemanden in gutes Licht stellen. Über jemanden den Segen sprechen bedeutet, zum Geliebtsein dieses Menschen ja sagen und es bekräftigen. Ja, mehr noch: der Segensspruch erschafft die Wirklichkeit, von der er spricht. In unserer Welt gibt es viel gegenseitiges Einander-Bewundern, aber genausoviel gegenseitiges Einander-Richten. Jeder Segen geht weit über die Unterscheidung von Bewunderung oder Verurteilung. Tugenden oder Laster, gute oder schlechte Taten hinaus. Der Segen rührt an die ursprüngliche Gutheit des andern und ruft sein Geliebtwerden wach.

Vor nicht allzulanger Zeit konnte ich in meiner Gemeinschaft eine sehr persönliche Erfahrung machen, wie wirksam ein wirklicher Segen ist. Kurz bevor ich in einem unserer Häuser einen Gebetsgottesdienst begann, sagte Janet, ein behindertes Mitglied unserer Gemeinschaft, zu mir: „Henri, kannst du mir den Segen geben?" Ich reagierte darauf ziemlich unaufmerksam, indem ich ihr eben mit dem Daumen das übliche Kreuzzeichen auf die Stirn machte. Aber statt sich zu bedanken, protestierte sie energisch: „Nein, das hilft nichts. Ich möchte einen richtigen Segen!" Mir wurde schlagartig bewußt, wie oberflächlich-ritualistisch ich ihrer Bitte entsprochen hatte und sagte: „Oh, entschuldige bitte ... ich will dir einen richtigen Segen geben, wenn wir alle beim Gottesdienst beieinander sind." Sie nickte lächelnd, und mir wurde klar, daß sie etwas Besonderes von mir erwartete.

Am Ende des Gottesdienstes, als ungefähr dreißig Leute im Kreis auf dem Boden saßen, sagte ich: „Janet hat mich gebeten, ihr einen besonderen Segen zu spenden. Sie hat das Gefühl, daß sie einen solchen

Segen jetzt braucht." Als ich das sagte, wußte ich noch nicht, was Janet eigentlich wirklich wollte. Aber Janet ließ mich darüber nicht lange im unklaren. Sobald ich gesagt hatte: „Janet hat mich gebeten, ihr einen besonderen Segen zu spenden", stand sie auf und ging auf mich zu. Ich trug ein langes weißes Gewand mit weiten Ärmeln, die meine Arme und auch meine Hände verhüllten. Janet legte spontan ihre Arme um mich und lehnte ihren Kopf an meine Brust. Ohne viel Nachdenken verhüllte ich sie mit meinen Ärmeln, so daß sie unter den Falten meines Gewandes kaum mehr zu sehen war. Und während sie sich so an mich schmiegte, sagte ich: „Janet, du sollst wissen, daß du Gottes Geliebte Tochter bist. Du bist kostbar in Gottes Augen. Dein wunderschönes Lächeln, deine Güte zu den Menschen hier im Haus und alle Liebe, die du uns erweist, zeigen, was für ein wunderbarer Mensch du bist. Ich weiß, daß du dich zur Zeit ein bißchen schlecht fühlst und daß sich in dein Herz Traurigkeit eingeschlichen hat. Aber du sollst dich immer daran erinnern, wer du wirklich bist: ein ganz besonderer Mensch, den Gott ganz lieb hat und den auch alle Menschen hier in deiner Umgebung von Herzen lieben."

Bei diesen Worten hob Janet den Kopf und schaute mich an; und ihr breites Lächeln zeigte, daß sie den Segen wirklich gehört und aufgenommen hatte. Als sie auf ihren Platz zurückgekehrt war, hob Jane, eine andere behinderte Frau, den Arm und sagte: „Ich möchte auch einen Segen!" Sie stand auf, und ehe ich dessen richtig gewahr wurde, hatte auch sie ihren Kopf an meine Brust gelegt. Nachdem ich auch ihr ein Segenswort zugesprochen hatte, meldeten sich noch viele andere Behinderte mit dem gleichen Wunsch, den Segen zu empfangen. Der bewegendste Augenblick trat jedoch ein, als einer der Teilnehmer, ein vierundzwanzigjähriger Student, die Hand hob und sagte: „Und ich?" „Du natürlich auch", sagte ich. „Komm!" Er kam, und als wir voreinander standen, umfing ich ihn mit den Armen und sagte: „John, wie schön, daß du da bist. Du bist Gottes Geliebter Sohn. Deine Gegenwart macht uns allen Freude. Wenn du Schweres erlebst und wenn dir das Leben mühsam wird, erinnere dich immer daran, daß du mit einer immerwährenden Liebe geliebt wirst." Bei diesen Worten schaute er mich mit Tränen in den Augen an und sagte dann: „Danke, ganz herzlichen Dank!"

An diesem Abend wurde mir klar, wie wichtig das Segnen und das Gesegnetwerden ist, und mir kam zu Bewußtsein, daß der Segen zutiefst der Ausdruck unseres Geliebtseins ist. Die Segenswünsche, die wir einander gegenseitig zusprechen, sind ein Widerhall des Segens, der von aller Ewigkeit her auf uns ruht. Er ist die tiefste Bejahung unseres wahren Selbst. Es genügt nicht, auserwählt zu sein. Wir brauchen auch einen fortlaufenden Segen, der uns immer wieder neu ausdrücklich die Wahrheit zusagt, daß wir einem liebenden Gott zugehören, der uns nie alleinlassen, sondern uns immer wieder daran erinnern wird, daß wir bei jedem Schritt unseres Lebens von der Liebe geleitet werden.

Abraham und Sara, Isaak und Rebekka, Jakob und Rahel, sie alle vernahmen diesen Segen und wurden so die Väter und Mütter unseres Glaubens. Sie bestanden ihre lange und oft mühsame Lebensreise, weil sie nie vergaßen, daß sie Gesegnete waren. Auch Jesus vernahm diesen Segen, nachdem ihn Johannes der Täufer im Jordan getauft hatte. Eine Stimme ertönte vom Himmel her: „Du bist mein Geliebter Sohn, auf dir ruht mein Wohlgefallen." Das war ein Segen, und dieser Segen war es, der Jesus die innere Kraft bei allem Lob und allem Tadel, bei aller Bewunderung und bei aller Verwerfung gab, die ihn erwarteten. Genau wie Abraham und Sara kam Jesus nie das innerste Wissen abhanden, daß er der „Gesegnete" sei.

Ich erzähle dir das alles, weil ich weiß, wie wankelmütig ich und du sein können. Heute fühlen wir uns großartig, morgen ganz elend. Heute sind wir voller neuer Ideen, morgen kommt uns alles trüb und öde vor. Heute haben wir das Hochgefühl, die ganze Welt erobern zu können, aber morgen fühlen wir uns schon von einer kleinen Belastung überfordert. Diese Stimmungsschwankungen zeigen, daß wir den Segen nicht mehr im Ohr haben, den Abraham und Sara, Isaak und Rebekka, Jakob und Rachel und Jesus von Nazaret vernommen haben und den auch wir hören sollen.

Wenn wir vom leichten Wellengang auf der Oberfläche unserer Existenz auf und ab geworfen werden, werden wir leicht zu Opfern unserer Welt, die uns nach ihrem Belieben manipuliert; behalten wir statt dessen die eindringliche, gütige Stimme im Ohr, die uns segnet, so können wir mit dem soliden Grundgefühl, daß es uns gut geht und daß wir zuverlässig in Gott verwurzelt sind, durchs Leben gehen.

Das Gefühl, gesegnet zu sein, ist meiner Erfahrung nach nicht das Gefühl, das uns alltäglich beseelt. Du hast viele mühselige Zeiten in deinem Leben durchstehen müssen, in denen du eher den Eindruck hattest, von einem Fluch statt von einem Segen begleitet zu sein. Und ich kann von mir das gleiche sagen. Ja, ich vermute sogar, daß viele Menschen unter dem belastenden Gefühl leiden, sie lebten unter einem Fluch.

Wenn ich hinhöre, was die Leute beim Essen, in Lokalen, bei Arbeitspausen miteinander reden, dann fällt mir auf, daß sie ungeheuer vieles in einem Geist passiver Resignation beklagen und verwünschen. Viele Menschen, und dazu gehören zuweilen auch wir selbst, kommen uns wie Opfer in einer Welt vor, die wir nicht ändern können, und die tägliche Zeitungslektüre leistet gewiß keinen hilfreichen Beitrag dazu, daß wir mit diesem Gefühl besser umgehen können. Das Gefühl, wir lebten unter einem Fluch, kommt uns leichter in den Sinn als das Gefühl, wir lebten unter einem Segen, und es lassen sich genügend Argumente finden, um es zu bekräftigen. Wir können sagen: „Schau dir doch an, was in der Welt vorgeht. Schau dir die Hungernden an, die Flüchtlinge, die Gefangenen, die Kranken und die Sterbenden ... Schau dir die ganze Armut an, die Ungerechtigkeit und die Kriege ... Schau dir an, wie allenthalben gefoltert, gemordet, Natur und Kultur sinnlos zerstört werden ... Schau dir an, wie wir tagtäglich mühsam unsere Beziehungen aufrechterhalten, unsere Arbeit, unsere Gesundheit ..." Wo ist denn da weit und breit ein spürbarer Segen? Das Gefühl, unter einem Fluch zu leben, stellt sich leicht ein. Nur allzuleicht hören wir eine innere Stimme, die uns einredet, wir seien hinterhältig, schlecht, verdorben, wertlos, nutzlos, der Krankheit und dem Tod geweiht. Fällt es uns nicht leichter, zu glauben, wir seien verflucht, statt, wir seien gesegnet?

Und dennoch sage ich dir als dem Geliebten Sohn Gottes: Du bist gesegnet. An dich und über dich ergehen gute Worte – Worte, die die Wahrheit sagen. Die Flüche, mögen sie noch so lärmend, rücksichtslos und lauthals gesprochen werden, sagen nicht die Wahrheit. Es sind Lügen, Lügen, die man allzuleicht glauben kann, aber dennoch Lügen.

Aber wenn der Segen die Wahrheit darüber sagt, wer du und ich sind, und wenn der Fluch uns anlügt – dann stellt sich uns die ganz konkrete Frage: Wie können wir den Segen hören und für uns beanspruchen? Wenn die Tatsache, daß wir gesegnet sind, nicht bloß ein Gefühl ist, sondern eine Wahrheit, die unserem Alltagsleben Form und Inhalt gibt, müssen wir imstande sein, diesen Segen auf eindeutige Weise zu sehen und zu erfahren.

Ich will dich zu zwei Übungen anregen, die dir helfen können, dein Gesegnetsein für dich in Anspruch zu nehmen: das Beten und das Gegenwärtigsein.

Zunächst das Beten. Für mich persönlich wird das Beten immer mehr die Möglichkeit, bewußt auf den Segen zu hören. Ich habe schon viel über das Gebet gelesen und geschrieben, aber wenn ich zum Gebet an einen stillen Ort gehe, wird mir immer klarer, daß ich zwar die Neigung habe, Gott recht vieles zu sagen, aber daß die wirkliche „Leistung“ des Gebetes darin besteht, still zu werden und auf die Stimme zu hören, die Gutes über mich sagt. Das klingt vielleicht selbstmitleidig, aber in Wirklichkeit ist das eine mühsame Übung. Ich habe so große Angst davor, verflucht zu sein und hören zu müssen, ich sei nicht gut oder nicht gut genug, daß ich rasch der Versuchung nachgebe, mit Reden anzufangen und aus Angst endlos weiterzureden. Es bedarf einer wirklichen Anstrengung, die vielen Stimmen sanft beiseite zu schieben und zum Verstummen zu bringen, die mein Gutsein in Frage stellen und darauf zu vertrauen, daß ich eine Stimme hören werde, die mich segnet.

Hast du jemals versucht, eine ganze Stunde damit zu verbringen, nichts zu tun, außer auf die Stimme zu horchen, die tief in deinem Herzen wohnt? Wenn kein Radio spielt, kein Fernseher läuft, kein Buch zu lesen, niemand zum Reden da, keine Arbeit zu erledigen, kein Telefongespräch zu führen ist – wie fühlst du dich da? Oft kommt uns dann nichts Besseres, als daß uns ganz schnell eine Unmenge Dinge einfallen, die wir eigentlich gleich noch erledigen müßten, und das so lebhaft, daß wir beschließen, für den Augenblick das unangenehme Schweigen aufzugeben und uns wieder ans Werk zu machen. Es ist gar nicht so leicht, wirklich ins Schweigen einzutauchen und unter die Oberfläche all der aufdringlichen und fordernden Stimmen unserer Welt zu gelangen und dort die leise innerliche Stimme zu hören, die sagt: „Du bist mein Geliebtes Kind, auf dir ruht mein Wohlgefallen." Aber wenn wir den Mut aufbringen, uns mit unserer Einsamkeit anzufreunden und uns an unser Schweigen zu gewöhnen, werden wir so weit kommen, daß wir diese Stimme hören. Ich will damit nicht sagen, daß du eines Tages diese Stimme mit deinen leiblichen Ohren hören wirst. Ich rede nicht von einer halluzinatorischen Stimme, sondern von einer Stimme, die man mit dem Ohr des Glaubens, mit dem Ohr des inneren Herzens vernehmen kann.

Oft wirst du das Gefühl haben, während deines Betens geschehe überhaupt nichts. Vielleicht sagst du dir: „Ich sitze hier herum und werde bloß zerstreut." Aber wenn du genügend Disziplin entwikkelst, um täglich eine halbe Stunde mit dem Versuch durchzuhalten, auf die Stimme der Liebe zu hören, wirst du nach und nach entdecken, daß irgend etwas geschieht, dessen du dir gar nicht bewußt warst.

Vielleicht kommt dir erst im nachhinein, daß das die Stimme gewesen ist, die dich segnet. Du hattest gemeint, während deiner Zeit des Hinhorchens habe es nicht sehr viel mehr als eine Menge wirrer Gedanken gegeben, aber dann stellst du fest, daß du dich auf deine nächste halbe Stunde der Stille freust und daß sie dir fehlt, wenn du sie dir einmal nicht nehmen kannst. Gottes Geist macht sich sehr leise, sehr sanft bemerkbar – und sehr verborgen. Er drängt sich nicht auf. Aber er prägt sich zugleich sehr nachhaltig, sehr stark und sehr tief ein. Er verändert unsere Herzen von Grund auf. Die treue Übung des Gebets offenbart dir, daß du Gottes Geliebter Sohn bist und schenkt dir die Kraft, auch andere Menschen zu segnen.

Vielleicht ist es hilfreich, wenn ich an dieser Stelle noch einen konkreten Vorschlag mache. Eine fruchtbare Möglichkeit, das Hören einzuüben, ist das Hören mit Hilfe eines heiligen Textes, zum Beispiel eines Psalms oder eines Gebets. Der hinduistische geistliche Schriftsteller Eknath Easwaran hat auf den großen Wert hingewiesen, der darin liegt, einen heiligen Text auswendig zu lernen und ihn in Gedanken langsam immer wieder zu wiederholen, Wort für Wort, Satz für Satz. Auf diese Weise wird das Horchen auf die Stimme der Liebe nicht nur zum bloßen passiven Warten, sondern zu einem aktiven Aufmerksamsein auf die Stimme, die zu uns durch die Worte der heiligen Schriften spricht.

Ich habe viele meiner halben Gebetsstunden damit verbracht, immer nur wieder langsam das Gebet des heiligen Franziskus zu wiederholen: „Herr, mach mich zu einem Werkzeug deines Friedens. Wo Haß ist, laß mich Liebe säen ..." Wenn ich diese Worte von meinem Kopf in mein Herz strömen ließ, verkostete ich nach und nach jenseits aller meiner rastlosen Einfälle und Gefühle jenen Frieden und jene Liebe, um die ich mit diesen Worten betete.

Auf die gleiche Weise mußte ich auch gegen meine endlosen Zerstreuungen angehen. Wenn ich merkte, daß meine Gedanken wieder weit und breit in die Ferne schweiften, konnte ich immer wieder zu meinem einfachen Gebet zurückkehren und dadurch in meinem Herzen erneut auf die Stimme hören, die ich doch so gern hören wollte.

Meine *zweite* Anregung dafür, wie du bewußter dein Leben vom Gesegnetsein her verwirklichen könntest, besteht in der Übung der Vergegenwärtigung. Mit Vergegenwärtigung meine ich das bewußte Gewärtigsein für alle Segnungen, die dir Tag um Tag und Jahr um Jahr zuteil werden.

Das Problem unserer modernen Lebensart ist, daß wir viel zu umtriebig sind. Suchen wir an den falschen Stellen nach Bestätigung? Jedenfalls nehmen wir dann gar nicht mehr wahr, daß wir gesegnet sind. Oft sagen die Leute irgend etwas Gutes über uns, aber wir wischen das weg mit Bemerkungen wie: „Ach, das ist ja nicht der Rede wert, Schwamm drüber, was ist das schon ...", und so weiter. Diese Floskeln scheinen Äußerungen der Bescheidenheit zu sein, aber in Wirklichkeit sind sie Zeichen dafür, daß wir nicht wach und aufmerksam dafür sind, das Gute, das uns zugesprochen wird, wirklich annehmen zu können. Uns geschäftigen Menschen fällt es nicht leicht, wirklich solche positive Zusagen anzunehmen. Daß nur wenige Menschen anderen ein Segenswort zusprechen, ist vielleicht das traurige Ergebnis des Umstands, daß es kaum Menschen gibt, die bereit und fähig dazu sind, einen solchen Segen anzunehmen. Für uns ist es äußerst schwierig geworden, innezuhalten, hinzuhören, Aufmerksamkeit zu schenken und dankbar das anzunehmen, was uns angeboten wird.

Mir wird das besonders deutlich, weil ich mit geistig behinderten Menschen zusammenlebe. Sie haben in vielfachen Segen zu verschenken, aber wenn ich pausenlos geschäftig umherrenne, ständig zu etwas viel

Wichtigerem unterwegs bin – wie kann ich da für diese segensreichen Geschenke empfänglich sein?

Einer aus meiner Kommunität, Adam, kann nicht sprechen, kann nicht allein gehen, kann nicht ohne Hilfe essen, kann sich nicht selbst aus- oder anziehen, aber an Menschen, die sich die Zeit nehmen, ihn einfach zu halten oder bei ihm zu sitzen, hat er sehr viel Segen zu verschenken. Der Mensch, der Adam längere Zeit gewidmet und sich nicht von ihm beschenkt gefühlt hätte, muß mir erst noch begegnen. Diese Art Beschenktwerden erfließt aus dem einfachen Gegenwärtigsein. Aber du weißt ja auch, wie schwer uns solches einfaches Gegenwärtigsein fällt. Immer bleibt noch so viel zu tun, müssen noch so viele Aufgaben erledigt und Pflichten erfüllt werden, daß ein bloßes Da-sein leicht als unnütz, ja als Zeitvergeudung erscheint. Aber noch einmal: ohne den bewußten Vorsatz, unsere Zeit zu „vergeuden", ist es sehr schwer, den Segen wahrzunehmen.

Dieses aufmerksame Gewärtigsein kann uns die Augen dafür öffnen, in welch vielfacher Hinsicht wir mit Segen bedacht werden: mit dem Segen des Armen, der uns auf der Straße anhält, mit dem Segen der blühenden Bäume und frischen Blumen, die uns eine Ahnung neuen Lebens schenken, mit dem Segen der Musik, der Gemälde, der Skulpturen und der Architektur. Allermeist jedoch kommt uns der Segen über Worte der Dankbarkeit, der Ermutigung, der Zuneigung und der Liebe zu. Wir müssen diese vielfältigen Formen des Segens nicht erst erfinden. Sie sind schon da; sie umgeben uns bereits von allen Seiten. Aber wir müssen ihrer gewärtig sein und sie aufnehmen. Sie drängen sich uns nicht auf. Sie erinnern uns leise und zärtlich an jene wunderbare, starke, aber verborgene Stimme dessen, der uns bei unserem Namen ruft und Gutes über uns spricht.

So hoffe ich also aufrichtig, daß dir diese beiden Anregungen, das *Gebet* und das *Gewärtigsein* zu pflegen, eine Hilfe sind, um besser aus dem Bewußtsein leben zu können, daß du gesegnet bist und ständig neu gesegnet wirst. Ich kann gar nicht deutlich genug darauf hinweisen, wie wichtig es ist, diesen Segen für sich zu beanspruchen. Wenn du dein Gesegnetsein nicht in Anspruch nimmst, wirst du schnell ins Land der Verfluchten geraten. Das Niemandsland zwischen dem Land der Gesegneten und dem Land der Verfluchten ist nur ganz schmal oder existiert überhaupt nicht. Darum stehst du vor der Wahl, in welchem Land du leben willst, und diese Art Wahl mußt du in jedem Augenblick neu treffen.

Ehe ich diese Gedanken über unser Gesegnetsein abschließe, muß ich dir noch sagen, daß in jedem, der sein eigenes Gesegnetsein wahrnimmt, immer auch der lebhafte Wunsch wach wird, andere zu segnen. Es ist ein Kennzeichen aller Gesegneten, daß sie, wo sie auch sein mögen, immer ihrerseits die anderen Menschen segnen. Wenn man selbst tief von der Wahrheit durchdrungen ist, gesegnet zu sein, fällt es überraschend leicht, andere zu segnen, ihnen Gutes zuzusprechen und gut von ihnen zu sprechen und ihre Schönheit und Wahrheit zu wecken. Gesegnete Menschen segnen auch immer die anderen.

Und wie warten die Menschen darauf, gesegnet zu werden! Das fällt in die Augen, wohin man auch gehen mag. Niemand wird durch Flüche, Klatsch, Vorhaltungen oder Beschimpfen zum Leben ermutigt. Davon spielt sich ständig in unserer Umgebung nur allzuviel ab. Es ruft nur Finsternis, Zerstörung und Tod hervor. Wir als „die Gesegneten" jedoch können durch diese Welt gehen und Worte des Segens austeilen. Dazu bedarf es gar nicht allzu großer Mühe. Es fließt ganz natürlich aus unserem Herzen. Wenn wir in unserem Inneren die Stimme hören, die uns bei unserem Namen ruft und uns segnet, kann uns die Finsternis nicht länger in Verwirrung und Zerstreuung bringen. Die Stimme, die uns Gottes Geliebte Söhne nennt, gibt uns Worte des Segens für andere ein, und wir können ihnen die Augen dafür öffnen, daß sie nicht weniger gesegnet sind als wir.

Du lebst in New York. Ich lebe in Toronto. Wenn du die Columbus Avenue entlanggehst und ich die Yonge Street, vergehen uns alle Illusionen über die Finsternis. Es ist nur allzu augenfällig, wie viele Menschen einsam, heimatlos und Süchten verfallen sind. Doch alle diese Menschen sehnen sich danach, Segen zu erfahren. Diesen Segen können nur solche Menschen austeilen, die ihn selbst bereits empfangen haben.

Jetzt fühle ich mich so weit, um dir etwas über die härteste Wahrheit zu schreiben, die uns noch zu besprechen bleibt: die Wahrheit, daß wir alle *gebrochene* Menschen sind. Wir sind auserwählt und gesegnet. Wenn wir uns diese Wahrheiten wirklich angeeignet, und wenn wir dazu ja gesagt haben, können wir uns unserer eigenen Gebrochenheit und der der anderen Menschen offen stellen. Das wollen wir jetzt tun.

III. Gebrochen

Jetzt sind wir so weit, daß wir über unser Gebrochensein sprechen können. Du bist ein gebrochener Mensch. Ich bin ein gebrochener Mensch, und alle Menschen, die wir kennen oder von denen wir etwas wissen, sind gebrochene Menschen. Unsere Gebrochenheit ist derart sichtbar und greifbar, derart konkret und individuell, daß man sich im Grunde gar nicht vorstellen kann, man könne über sehr viel anderes nachdenken, reden oder schreiben als über unsere Gebrochenheit.

Gleich als wir uns begegnet sind, haben wir miteinander darüber gesprochen, daß wir gebrochene Menschen sind. Du wolltest über mich einen Artikel im Connecticut-Lokalteil der „New York Times" schreiben. Ich erzählte dir, daß für mich das Schreiben ein Mittel sei, mit meiner Einsamkeit, meinem Gefühl des Isoliertseins, meinen vielen Ängsten und meinem allgemeinen Gefühl der Unsicherheit zu Streich zu kommen. Als dann du zum Gegenstand des Gesprächs wurdest, sprachst du davon, wie unzufrieden du mit deinem Job seist, daß du frustriert seist, weil du nicht genug Zeit oder Geld hättest, um deinen eigenen Roman zu schreiben, und daß du überhaupt unzufrieden damit seist, wie dein Leben verlaufe. Im Jahr nach unserer ersten Begegnung sprachen wir mit zunehmender Offenheit über das, was uns schwerfiel und Schmerzen bereitete. Ja, daß wir alle unsere Sorgen und Probleme miteinander besprachen, wurde zum Erweis unserer Freundschaft.

Du mußtest die Zeit einer schmerzlichen Trennung und Scheidung durchstehen, und ich hatte mich durch eine lange Durststrecke der Niedergeschlagenheit zu quälen. Du wurdest immer wieder bei deiner Arbeit schwer enttäuscht und stelltest dir immer neu die Frage, wozu du nun eigentlich wirklich im Leben berufen seist, während ich mich lange von den vielen Anfragen erdrückt fühlte, die meine Zeit und Energie auffraßen und mich immer wieder bis in die Erschöpfung und Verzweiflung trieben.

Je öfter wir uns begegneten, desto deutlicher kam uns zu Bewußtsein, wie gebrochen das Leben eines jeden von uns ist. Das ist ganz normal. Wenn sich Menschen treffen, verfallen sie wie von allein darauf, sich über ihre Gebrochenheit zu unterhalten. Die gefeierteste musikalische Komposition, das meistbeachtete Gemälde, die aufsehenerregendste Skulptur und das meistgelesene Buch sind oft diejenigen, die besonders klar und deutlich unser allgemeines menschliches Bewußtsein, gebrochene Naturen zu sein, zum Ausdruck bringen. Dieses Bewußtsein liegt nie sehr tief unter der Oberfläche unseres Daseins, denn wir wissen alle, daß keiner von uns dem Tod entrinnen wird, also dem radikalsten, eindeutigsten Beweis, daß unser Leben gebrochen ist und wird.

Die Führer und Propheten Israels, die eindeutig auserwählt und gesegnet waren, haben alle sehr gebrochene Leben gelebt. Und wir, die Geliebten Söhne und Töchter Gottes, können ebensowenig unserem Gebrochenwerden entrinnen.

Ich möchte dir so vieles über unser Gebrochensein sagen. Aber womit soll ich anfangen?

Am einfachsten ist es vielleicht, damit anzufangen, daß ich sage: unsere Gebrochenheit offenbart etwas Wesentliches darüber, wer wir sind. Unsere Schmerzen und Leiden sind nicht einfach lästige Einbrüche in unser Leben; nein, sie rühren uns in unserer Einmaligkeit und in unserem innersten Personkern an. Die Art und Weise, wie ich gebrochen bin, sagt dir etwas ganz Charakteristisches über mich. Und die Art und Weise, wie du gebrochen bist, sagt mir etwas ganz Charakteristisches über dich. Das ist der Grund, weshalb ich es als ein besonderes Geschenk empfinde, wenn du ganz offen das mit mir teilst, was dich plagt, und der Grund, weshalb es ein besonderer Erweis meines Vertrauens in dich ist, wenn ich dir meine Schwachstellen verrate.

Wir leben und erfahren unsere Gebrochenheit immer als etwas höchst Persönliches, Intimes und Einmaliges. Ich bin zutiefst davon überzeugt, daß jedes Menschenwesen auf seine ganz einmalige Art leidet. Zweifellos können wir Entsprechungen und Ähnlichkeiten finden; mögen wir nun über unsere größeren oder über unsere kleineren Leiden sprechen – letzten Endes ist dein Leiden und ist mein Leiden derart tief persönlicher Art, daß es kaum Trost oder Linderung bringt, wenn wir das eine mit dem anderen vergleichen. Ja, im Grunde genommen ist mir jemand lieber, der anerkennt, daß ich in meinem Leiden sehr allein bin, als jemand, der mir einzureden versucht, daß viele andere Menschen am gleichen oder an noch viel Schlimmerem leiden.

Unsere Gebrochenheit gehört wirklich ganz uns selber. Niemandem sonst. Unsere Gebrochenheit ist genauso einmalig wie unser Auserwähltsein und wie unser Gesegnetsein. Die Art, wie wir gebrochen sind, ist im gleichen Maß ein Ausdruck unseres individuellen Wesens wie die Art, wie wir genommen und gesegnet werden. Ja – das mag angsterregend klingen: Wir haben einen Anspruch auf unser höchstpersönliches Gebrochensein, genauso wie wir einen Anspruch auf unsere ganz persönliche Berufung und unseren ganz persönlichen Segen haben.

Jetzt muß ich versuchen, unsere Erfahrung des Gebrochenseins genauer zu betrachten. Wie ich bereits gesagt habe, ist das eine sehr persönliche Erfahrung, und in der Gesellschaft, in der du und ich leben, handelt es sich gewöhnlich um eine Erfahrung des inneren Gebrochenseins – eines Gebrochenseins des Herzens. Zweifellos leiden viele Menschen an körperlichen oder geistigen Gebrechen; zweifellos leben viele in wirtschaftlicher Armut, sind obdachlos, leiden Mangel am Allernotwendigsten. Aber das Leiden, welches mir am meisten in die Augen fällt, ist das alltägliche Leiden an gebrochenem Herzen. Immer wieder sehe ich das unsägliche Leid zerbrochener Beziehungen zwischen Mann und Frau, Eltern und Kindern, Liebenden, Freunden und Kollegen. In der westlichen Welt scheint mir das schmerzlichste Leiden darin zu bestehen, sich abgelehnt, verkannt, verachtet und alleingelassen zu fühlen.

In meiner eigenen Gemeinschaft, in der wir mit vielen stark behinderten Männern und Frauen zusammenleben, stammt das größte Leiden nicht aus dem Behindertsein selbst, sondern aus den Gefühlen, nutzlos, wertlos, geringgeachtet und ungeliebt zu sein. Man kann es viel leichter ertragen, nicht reden, gehen oder selbständig essen zu können, als nicht für jemanden ganz besonders wertvoll zu sein. Wir Menschenwesen können extreme Entbehrungen mit erstaunlichem Stehvermögen ertragen, aber wenn wir das Gefühl haben, daß wir gar niemandem mehr irgend etwas zu bieten haben, verlieren wir schnell unseren Lebensmut. Wir wissen aus einem untrüglichen inneren Gespür heraus, daß unsere Lebensfreude steht und fällt mit unserem Zusammenleben mit anderen und daß sich die schlimmsten Leiden unseres Lebens aus unserem vielfältigen Versagen im menschlichen Miteinander ergeben.

Offensichtlich erfahren wir unsere Gebrochenheit oft am schmerzlichsten hinsichtlich unserer Sexualität. Wenn ich mir mein eigenes und das Ringen meiner Freunde auf diesem Gebiet vor Augen halte, wird mir deutlich, wie ausschlaggebend unsere Sexualität dafür ist, was wir von uns selber denken und halten. Unsere Sexualität ist ein Zeichen dafür, daß wir uns ungeheuer nach Kommunion mit jemand anderem sehnen. Die Bedürfnisse unseres Leibes – das Bedürfnis, berührt, in den Arm genommen und von jemandem zuverlässig festgehalten zu werden – gehören zu den tiefsten Sehnsüchten des Herzens und sind sehr konkrete Zeichen unseres Suchens nach Einswerden. Und wir machen die Erfahrung, daß unsere größten Ängste genau um dieses Urbedürfnis nach Kommunion kreisen. Unsere Gesellschaft ist so zerstückelt, unsere Familie ist infolge räumlicher und emotionaler Entfernungen so zersplittert, unsere Freundschaften sind so sporadisch, unsere Augenblicke der Nähe so verstellt von äußeren Umständen und oft auch so zweckbedingt, daß es nur sehr wenige Orte gibt, an denen wir uns wirklich zuverlässig geborgen fühlen können. Ich merke es an mir selbst, wie oft mein Körper angespannt ist, wie ich gewöhnlich immer auf der Hut bin und wie selten ich ganz und gar das Gefühl habe, daheim zu sein. Wenn ich mich dann in die Vorstädte von Toronto begebe, wo ich wohne, und die protzigen Wohnsilos sehe, die von geldgierigen Unternehmern aus dem Boden gestampft worden sind, die häßlichen Einkaufszentren, die man überall hingeklotzt hat, um den Konsum anzuheizen, und die verlockenden Reklameschilder, die höchst verführerisch Behaglichkeit und Entspannung versprechen – während gleichzeitig Wälder abgeholzt, Ströme ausgetrocknet, Rehe und Hasen und Vögel ausgerottet werden –, dann wundert es mich nicht, daß mein Körper nach einer heilenden Berührung und einer bergenden Umarmung schreit. Wenn alles, was uns umgibt, unsere Sinne überreizt und überstrapaziert, und wenn alles, was man uns zur Erfüllung unserer tieferen Bedürfnisse anbietet, mehr oder weniger im Gewand der Verführung daherkommt, ist es kein Wunder, daß uns verrückte Phantasien peinigen, wilde Träume und verwirrende Gefühle und Gedanken bedrängen.

Auf dem Gebiet, auf dem wir am bedürftigsten und verwundbarsten sind, erfahren wir auch am stärksten unsere Gebrochenheit. Die Zersplitterung und Vermarktung unseres Lebensraums läßt es fast zu einem Ding der Unmöglichkeit werden, einen Ort zu finden, an dem wir uns ganz und gar – mit Leib, Geist und Herz – sicher und geborgen fühlen können. Ob wir nun durch die Straßen von New York oder von Toronto gehen – es fällt uns schwer, nicht aus unserer Mitte gerissen zu werden und am eigenen Leib die Angst und Todesqual unserer Welt zu verspüren.

Die AIDS-Seuche ist vermutlich eines der vielsagendsten Symptome der Gebrochenheit unserer Zeitgenossen. Hier klammern sich Liebe und Tod in einer gewalttätigen Umarmung aneinander. Junge Menschen, die verzweifelt nach Intimität und Kommunion suchen, setzen dafür ihr Leben aufs Spiel. Es scheint geradezu wie ein verzweifelter Schrei durch die weiten, leeren Räume unserer Gesellschaft zu gellen: Lieber sterben als ständig in Einsamkeit zu leben!

Wenn ich mit ansehe, wie AIDS-Patienten sterben, und mit welch spontaner Großzügigkeit ihre Freunde um sie zusammenstehen, um sie mit Liebe zu umgeben und sie äußerlich und innerlich aufzurichten, stelle ich mir oft die Frage, ob diese schreckliche Krankheit nicht ein unüberhörbarer Aufruf zur Bekehrung an eine Welt ist, die dem Wettbewerb, der Konkurrenz und der zunehmenden Abschottung gegeneinander verfallen ist. Ja, die AIDS-Krise verlangt nach einer völlig neuen Einschätzung unserer menschlichen Gebrochenheit.

Wie können wir mit dieser Gebrochenheit umgehen? Ich möchte zwei Möglichkeiten vorschlagen: die erste ist, sich mit ihr auszusöhnen; die zweite, sie unter den Segen zu stellen. Ich hoffe, du kannst diese beiden Möglichkeiten in deinem eigenen Leben verwirklichen. Ich habe das versucht und versuche es unablässig weiter, nicht immer mit größerem Erfolg als andere, aber ich bin fest davon überzeugt, daß diese beiden Weisen, mit unserer Gebrochenheit umzugehen, die richtige Richtung zeigen.

Die erste Möglichkeit, uns auf unsere Gebrochenheit einzustellen, besteht also darin, sie sich ganz offen vor Augen zu halten und sich mit ihr auszusöhnen. Das scheint zunächst vielleicht recht unnatürlich zu sein. Unsere erste, spontane Reaktion auf Leiden und Schmerzen besteht darin, sie zu vermeiden, sie sich vom Leibe zu halten, sie zu ignorieren, zu umgehen oder zu leugnen. Wir empfinden das Leiden – mag es sich um körperliche, seelische oder gefühlsmäßige Schmerzen handeln – fast immer als unwillkommene Unterbrechung unseres Lebens, als etwas, das es eigentlich nicht geben sollte. Es ist schwierig, wenn nicht gar unmöglich, im Leiden irgend etwas Positives zu sehen. Leiden sollte um jeden Preis vermieden werden.

Wenn dies tatsächlich unsere spontane Einstellung gegenüber unserer Gebrochenheit ist, dann ist es kein Wunder, daß es uns zunächst masochistisch vorkommt, uns mit unserer Gebrochenheit anzufreunden. Aber ich habe vom Leiden in meinem eigenen Leben gelernt, daß der erste Schritt zur Heilung nicht ein Schritt weg vom Leiden ist, sondern ein Schritt auf das Leiden zu. Denn wenn unser Gebrochensein tatsächlich genauso ein Wesensbestandteil unseres Daseins ist wie unsere Auserwählung und unser Gesegnetsein, dann müssen wir die Angst vor ihm überwinden und uns näher darauf einlassen. Ja, wir müssen den Mut finden, unsere Gebrochenheit anzunehmen; wir müssen uns unseren meistgefürchteten Feind zum Freund machen und ihn als engen Gefährten in Anspruch nehmen. Ich bin überzeugt davon, daß die Heilung oft so schwierig ist, weil wir unser Leiden nicht genau kennenlernen möchten. Das trifft schon grundsätzlich auf jede Art Leiden zu, aber ganz besonders gilt das für Leiden, die von einem gebrochenen Herzen rühren. Die Angst und Todesqual, die daher stammen, daß jemand abgelehnt, an den Rand gedrängt, verkannt, mißbraucht oder in seinen Gefühlen manipuliert wird, lähmen uns nur, wenn wir ihnen nicht offen ins Gesicht schauen können, sondern ständig vor ihnen davonlaufen. Wenn wir in unserem Leiden einer Anleitung bedürfen, dann zuallererst einer Anleitung, die uns näher an unseren Schmerz heranführt und uns darauf aufmerksam macht, daß wir ihn nicht verdrängen, sondern uns mit ihm anfreunden sollen.

Ich erinnere mich noch lebhaft an den Tag, als ich zu dir in die Wohnung gekommen bin und dir gerade eindeutig klar geworden war, daß deine Ehe gescheitert sei. Dein Leiden war abgrundtief. Der

Traum deines Lebens war für dich wie eine Seifenblase zerplatzt; du sahst keinerlei sinnvolle Zukunft mehr vor dir; du fühltest dich verlassen, schuldig, voller Angst und Scham, kamst dir ganz und gar verraten vor. Dein Schmerz war dir ins Gesicht geätzt. Das war der schwerste Augenblick deines Lebens. Ich befand mich gerade zufällig in New York und war auf einen Sprung bei dir vorbeigekommen.

Was sollte ich in diesem Augenblick zu dir sagen? Ich wußte, daß jeder der üblichen Zusprüche: du würdest schon darüber hinwegkommen; es gebe noch viele andere verheißungsvolle Möglichkeiten; alles sei doch nicht so schlimm, wie es im Augenblick aussehe, völlig nutzlos war. Ich wußte: das einzige, was ich tun konnte, war jetzt einfach, bei dir zu sein, bei dir zu bleiben und dich irgendwie zu ermutigen, nicht vor deinem Schmerz davonzulaufen, sondern darauf zu vertrauen, daß du die Kraft haben würdest, ihn auszuhalten. Jetzt, viele Jahre danach, kannst du es bestätigen: Du hast tatsächlich diesen Schmerz aushalten und aus ihm gestärkt hervorgehen können. Im Augenblick selbst schien das eine völlige Überforderung zu sein, und dennoch war dies die einzige Möglichkeit, die ich dir nahelegen konnte.

Aus meiner eigenen Erfahrung mit dem Schmerz weiß ich, daß der Weg zur Heilung davon darin besteht, sich ihm zu stellen und ihn zu durchleben. Meistens brauche ich jemanden, der mir hilft, darin standzuhalten; der mir versichert, daß mich hinter dem Schmerz der Friede erwartet, hinter dem Tod das Leben und hinter der Angst die Liebe. Aber immerhin weiß ich jetzt, daß der Versuch ganz fruchtlos ist, den Schmerz zu meiden, zu unterdrücken oder vor ihm davonzulaufen; das ist, als amputiere man sich ein Glied, das mit genügender Sorgfalt geheilt werden könnte.

Es ist eine tiefe Wahrheit, daß das menschliche Leid nicht der Freude und dem Frieden, wonach wir uns sehnen, im Weg stehen muß, sondern daß es gerade der Weg dazu werden kann. Das große Geheimnis des geistlichen Lebens, des Lebens aus der Kommunion, des Lebens als Geliebte Söhne und Töchter Gottes, besteht darin, daß für uns alles, was uns beschieden ist, ob Freude oder Traurigkeit, Wohlsein oder Schmerz, Krankheit oder Gesundheit, zum Wegstück unserer Reise in die volle Verwirklichung unseres Menschseins werden kann. Es ist leicht, einander zu sagen: „Alles Gute und Schöne in der Welt führt uns der Herrlichkeit der Kinder Gottes entgegen." Aber es fällt viel schwerer, zu sagen: „Habt ihr denn nicht gewußt, daß wir alle leiden und so in unserer Herrlichkeit eingehen müssen?" Dennoch besteht die echte Sorge umeinander darin, einander bereitwillig zu helfen, uns unsere Gebrochenheit als Tor zur Freude zu erschließen.

Die zweite Möglichkeit, mit unserer Gebrochenheit umzugehen, besteht darin, sie unter den Segen zu stellen. Dieses „unsere Gebrochenheit unter den Segen stellen" ist für mich die Vorbedingung dafür, daß ich mich mit ihr anfreunden kann. Unsere Gebrochenheit betrachten wir oft deshalb mit soviel Angst, weil wir sie eher als Zeichen des Fluches einschätzen. Wenn wir unsere Gebrochenheit als Anzeichen des Verfluchtseins empfinden, bedeutet das, daß wir unsere Leiden als Bestätigung unserer negativen Gefühle uns selbst gegenüber werten. Das ist, als sagte man: „Ich habe schon immer befürchtet, daß ich nutzlos und wertlos bin, und jetzt habe ich die Bestätigung dafür, denn man sieht ja, wie es mir geht."

Wir suchen immer irgendwie nach einer Erklärung für das, was sich in unserem Leben ereignet, und wenn wir ohnehin schon den Hang dazu hatten, uns von der Geringschätzung unserer selbst versuchen zu lassen, wird das von jeder Art Mißgeschick nur noch vertieft. Wenn uns ein Familienmitglied oder ein Freund durch den Tod genommen wird, wenn wir unseren Arbeitsplatz verlieren, wenn wir durch eine Prüfung fallen, wenn wir eine Entfremdung oder Scheidung durchleben, wenn ein Krieg ausbricht, ein Erdbeben unser Haus zerstört oder uns Krebs befällt, taucht unvermeidlich die Frage „Warum?" auf. „Warum trifft das mich?", „Warum gerade jetzt?", „Warum gerade hier?"

Es ist derart schwierig, ohne eine Antwort auf dieses „Warum?" zu leben, daß wir leicht der Versuchung verfallen, einen inneren Zusammenhang zwischen den Ereignissen, die wir nicht unter Kontrolle haben, und unserem bewußten oder unbewußten Selbstwertgefühl herzustellen. Wenn wir uns selbst verflucht oder anderen erlaubt haben, uns zu verfluchen, ist die Versuchung groß, alle Gebrochenheit, die wir erfahren, als Ausdruck oder Bestätigung dieses Fluches zu werten. Ehe wir uns dessen voll im klaren sind, haben wir schon zu uns selber gesagt:

„Siehst du, ich hab's ja immer schon gewußt, daß ich nichts tauge ... Jetzt habe ich ganz klar die Bestätigung. Die Ereignisse beweisen das."

Die wesentliche geistliche Aufgabe der Geliebten Kinder Gottes besteht darin, ihre Gebrochenheit aus dem Schatten des Fluches zu entfernen und sie ins Licht des Segens zu stellen. Das ist nicht so leicht wie es klingt. Die Mächte der Finsternis, die uns umgeben, sind stark, und unsere Welt bevorzugt Menschen, die an sich selbst zweifeln, weil diese sich leichter manipulieren lassen als selbstbewußte Menschen. Aber wenn wir beharrlich und aufmerksam auf die Stimme hören, die uns Geliebte nennt, werden wir in die Lage versetzt, unsere Gebrochenheit zu leben, nicht als Bestätigung unserer Angst, nichts zu taugen, sondern als Gelegenheit, den Segen, der auf uns ruht, zu läutern und zu vertiefen.

Wenn man körperlichen, seelischen oder gefühlsmäßigen Schmerz unter dem Segen lebt, erfährt man ihn grundverschieden anders, als wenn man diesen Schmerz unter dem Fluch trägt. Schon eine kleine Last, die jemand als Bestätigung seiner Wertlosigkeit empfindet, kann ihn in tiefe Depressionen stürzen, ja in den Selbstmord treiben. Dagegen werden selbst große und schwere Lasten leicht und tragbar, wenn man sie im Licht des Segens trägt. Was unerträglich schien, wird zur Herausforderung. Was ein Grund zur Depression schien, wird zur Quelle der Läuterung. Was eine Strafe zu sein schien, erweist sich als umsichtiges Zurechtgestutztwerden. Was wie Verwerfung aussah, wird ein Weg zu tieferer Kommunion.

So besteht also die entscheidende Aufgabe darin, dem Segen zu erlauben, uns in unserer Gebrochenheit anzurühren. Dann werden wir erkennen, daß sich unsere Gebrochenheit immer mehr für die Möglichkeit öffnet, uns selbst ganz und gar als die Geliebten anzunehmen. Das ist die Erklärung dafür, weshalb man mitten in einem schweren Leiden echte Freude erfahren kann. Es ist die Freude, streng erzogen, geläutert und beschnitten zu werden, um mehr Frucht bringen zu können. Das ist wie bei Athleten, die während des Wettkampfs ihre äußersten Kräfte aufbieten müssen, aber zugleich in sich die Freude spüren, ihrem Ziel näherzukommen.

So können auch die Geliebten das Leiden als einen Weg erfahren, der sie jener tieferen Kommunion näherbringt, nach der sie sich sehnen. Hier sind Freude und Leid nicht mehr im Widerstreit miteinander, sondern werden zu zwei Seiten ein und desselben Verlangens, in die Fülle der Geliebten hineinzuwachsen.

Die verschiedenen Zwölf-Schritte-Programme, wie zum Beispiel bei den Anonymen Alkoholikern, den erwachsenen Kindern von Alkoholikern und den Anonymen Vielessern, sind im Grunde alle eine Form, unsere Gebrochenheit unter den Segen zu stellen und sie dadurch in ein Mittel umzuwandeln, sich auf den Weg in ein neues Leben zu machen. Alle Süchte machen uns zu Sklaven, aber jedesmal, wenn wir offen unsere Abhängigkeiten bekennen und unser Vertrauen bekunden, daß Gott uns wirklich frei machen kann, wird aus unserer Quelle des Leidens eine Quelle der Hoffnung.

Ich erinnere mich lebhaft daran, wie ich eine Zeitlang völlig von der Zuneigung und Freundschaft eines Menschen abhängig geworden war. Diese Abhängigkeit warf mich in Abgründe der Angst und trieb mich an den Rand einer sehr selbstzerstörerischen Depression. Aber von dem Augenblick an, in dem mir jemand geholfen hat, meine suchtartige Abhängigkeit von einem Menschen als Ausdruck meines Bedürfnisses nach totaler Auslieferung an einen liebenden Gott zu begreifen, der die tiefsten Sehnsüchte meines Herzens erfüllen würde, begann ich mit meiner Abhängigkeit von Grund auf anders umzugehen. Statt in ihr voller Scham und Verwirrung zu verharren, brachte ich es fertig, sie als dringende Einladung zu begreifen, Gottes bedingungslose Liebe für mich in Anspruch zu nehmen, eine Liebe, auf die ich mich ohne jede Angst verlassen kann.

Lieber Freund, jetzt bin ich also gespannt, ob es hilfreich für dich war, daß ich dir diese Gedanken über unsere Gebrochenheit vorgelegt habe. Wenn wir uns mit unserem Schmerz anfreunden und ihn unter den Segen stellen, wird er nicht notwendigerweise weniger schmerzlich. Im Gegenteil: Oft werden wir uns desto deutlicher bewußt, wie tief unsere Wunden sind und wie unrealistisch der Wunsch ist, sie völlig loszuwerden. Seit ich mit geistig behinderten Menschen zusammenlebe, bin ich mir immer mehr dessen bewußt geworden, daß unsere Wunden oft ganz wesentlich die Substanz unseres Lebens ausmachen. Der Schmerz, von seinen Eltern verworfen zu sein, das Leiden, nicht zur Ehe fähig zu sein, das bedrückende Gefühl, immer für die allernormalsten Verrichtungen des Alltagslebens auf die Hilfe anderer Menschen angewiesen zu sein: für das Anziehen, das Essen, das Gehen, das Busfahren, das Einkaufen eines Geschenks oder das Bezahlen einer Rechnung ... alle diese Formen der Gebrochenheit werden nie aufhören oder geringer werden. Aber dennoch: Wer seine Gebrochenheit positiv annimmt und sie ins Licht dessen stellt, der uns seine Geliebten nennt, kann ihr den Glanz eines Diamanten verleihen.

Erinnerst du dich, wie wir vor zwei Jahren im Lincoln Center Leonard Bernstein erlebten, als er Musik von Tschaikowsky dirigierte? Das war ein eindrucksvoller Abend. Später kam uns zu Bewußtsein, daß dies das letzte Mal gewesen war, daß wir dieses musikalische Genie hatten erleben können. Ich verdanke Leonard Bernstein meinen Zugang zur Schönheit und Freude des Musikgenusses mehr als allen anderen Dirigenten und Komponisten. Als Jugendlicher war ich völlig davon hingerissen, wie begeisternd er bei einem Mozart-Klavierkonzert in der Konzerthalle des Kurhauses in Scheveningen in Holland als Dirigent und als Solist auftrat. Als seine Westside-Story als Film erschien, summte ich noch Monate danach ihre mitreißenden Melodien vor mich hin und schaute mir den Film bei jeder sich bietenden Gelegenheit noch einmal an.

Wenn ich im Fernsehen sein ausdrucksvolles Gesicht sah, während er für Kinder klassische Musik dirigierte und erklärte, ging mir auf, in welchem Maß Leonard Bernstein mein verehrtester Musiklehrer geworden war. So war es kein Wunder, daß mich sein plötzlicher Tod so traf, als hätte ich einen ganz persönlichen Freund verloren.

Während ich hier diese Gedanken über unsere Gebrochenheit für dich zu Papier bringe, fällt mir eine Szene aus Bernsteins „Messe" ein (ein Werk, das er dem Gedächtnis von John F. Kennedy gewidmet hat), die für mich diesen Gedanken, daß unsere Gebrochenheit unter den Segen gestellt werden kann, in einem Bild zusammenfaßt. Gegen Ende dieses Werks wird der Priester in seinem reichen, prächtigen liturgischen Ornat von seinen Gläubigen auf die Schultern gehoben. Er schwebt hoch über der Menge, die ihm huldigt, und hält in der Hand einen gläsernen Kelch. Plötzlich birst die Pyramide aus Menschen auseinander, und der Priester stürzt zu Boden. Seine Gewänder werden ihm vom Leib gerissen und sein Glaskelch fällt auf die Erde und zerschellt. Er schreitet langsam über die Trümmer seiner früheren Herrlichkeit – barfuß, nur in Bluejeans und einem weißen T-Shirt –, und mit einem Mal hört man Kinderstimmen singen: „Laude, laude, laude – Lobpreis, Lobpreis, Lobpreis." Da fällt dem Priester der zerbrochene Kelch in die Augen. Er betrachtet ihn lange, hält dann inne und sagt: „Mir war noch nie bewußt, daß zerbrochenes Glas so strahlend leuchten kann."

Diese Worte werde ich nie vergessen. Sie fangen für mich ganz gut das Geheimnis des Lebens ein, meines Lebens, deines Lebens, und jetzt auch, kurz nach seinem Tod, das Geheimnis von Bernsteins glänzendem und doch tragischem Leben.

Ehe ich diese Ausführungen über unsere Gebrochenheit abschließe, möchte ich noch etwas darüber sagen, wie sich das auf unsere Beziehung zu anderen Menschen auswirkt. Mit zunehmendem Alter wird mir immer deutlicher bewußt, wie wenig wir im Grunde für andere Menschen tun können. Selten können wir sie von ihren schmerzlichsten Wunden befreien. Die Gebrochenheit des Menschen geht so tief und ist oft so alles durchdringend, daß wir sie nicht „festmachen" können. Bedeutet das, daß wir mit unserem Anliegen, heilend auf andere zu wirken, ohnmächtig dastehen? Bedeutet das, daß wir einfach vor der bitteren Wirklichkeit des menschlichen Leidens kapitulieren müssen? Bedeutet das, daß Sorge um andere, Freundschaft und Liebe nett und lieb sind, aber keine wesentliche Besserung bringen?

NEIN, NEIN ... Wir sind zur wichtigen und zutiefst menschlichen Aufgabe berufen, unseren Brüdern und Schwestern Mut zu machen, sich mit ihren Leiden anzufreunden und sie unter den Segen zu stellen. Darin besteht das wirkliche Heilen. Nicht im Wegnehmen des Leids, sondern im Erschließen des Leids als Tor ins Leben. Ja, in das neue, in das ewige Leben. Was ist großartiger als die Kunst, unseren Freunden, die geplagt sind, die Augen zu öffnen, daß auch sie sagen können: „Mir war noch nie bewußt, daß zerbrochenes Glas so strahlend leuchten kann!" Du und ich haben die erhabene Berufung, heilend auf unsere Mitmenschen zu wirken. Aber wir werden dieser Berufung nur dann gewissenhaft entsprechen können, wenn wir den Mut aufgebracht haben, vom hohen Roß menschlicher Schmeichelei herabzusteigen und mit offenen Augen über die Bruchstücke unseres eigenen Lebens zu schreiten.

Wir sind auserwählt, gesegnet und gebrochen, nicht nur zu unserem eigenen Heil, sondern auch zum Heil anderer Menschen. Ja, wir sind deshalb auserwählt, gesegnet und gebrochen, damit wir hergegeben werden können. Darüber möchte ich jetzt mit dir sprechen.

IV. Hergegeben

Wir sind auserwählt, gesegnet und gebrochen, damit wir hergegeben werden können. Das vierte Element im Leben des Geliebten ist, daß er hergegeben wird. Für mich persönlich bedeutet das, daß wir nur dann voll und ganz verstehen können, was es bedeutet, auserwählt, gesegnet und gebrochen zu sein, wenn wir auch Menschen sind, die hergegeben werden. Im Hergeben wird sichtbar, daß wir nicht einfach um unserer selbst willen auserwählt, gesegnet und gebrochen werden, sondern daß alles, was wir leben, letztlich seine Bedeutung darin findet, daß wir es für andere leben.

Wir kennen beide aus eigener Erfahrung die Freude, die daher stammt, daß man für jemand anderen etwas tun kann. Du hast für mich viel getan, und ich werde dir immer dankbar sein für alles, was du mir gegeben hast. Meine Dankbarkeit stammt zum Teil aus dem Erlebnis, daß es dir Freude gemacht hat, mir so viel geben zu können. Es ist sehr viel leichter, für eine Gabe dankbar zu sein, die voll Freude gegeben worden ist, als für eine Gabe, die jemand nur zögernd und widerstrebend gewährt hat. Hast du schon einmal die Freude einer Mutter beobachtet, wenn ihr kleines Kind sie anlacht? Das Lachen des

Kindes ist ein Geschenk für die Mutter, und diese ist dankbar dafür, ihr Kind so glücklich zu sehen.

Ist das nicht ein wunderbares Geheimnis? Unsere größte Erfüllung besteht darin, uns selbst an andere zu verschenken. Oft mag es zwar so aussehen, als würden Menschen nur etwas hergeben, um dafür etwas zu bekommen; aber dennoch glaube ich, daß es jenseits aller unserer Süchte nach Wertschätzung, Lohn und Anerkennung auch die einfache und reine Sehnsucht gibt, etwas hergeben zu können. Ich erinnere mich daran, wie ich in Holland Stunden damit verbracht habe, in den Läden nach einem Geburtstagsgeschenk für meinen Vater oder meine Mutter zu suchen, und wie ich dabei ganz von der Freude beseelt war, ihnen etwas schenken zu können. Unser Menschsein entfaltet seine wirkliche Blüte erst im Geben. Wir werden schöne Menschen, wenn wir das geben, was wir geben können: ein Lächeln, ein Händedruck, einen Kuß, eine Umarmung, ein liebes Wort, ein Geschenk, ein Stück unseres Lebens … unser ganzes Leben.

Recht ergreifend habe ich das an dem Tag erlebt, als ihr, Robin und du, die Ehe miteinander geschlossen habt. Das war der Tag, an dem die Trauer über das Scheitern deiner ersten Ehe endgültig abgeschlossen war und an dem du in der Lage warst, voll auf die Wahrheit zu setzen, daß das Leben nur im Hergeben seine Erfüllung findet.

Am Nachmittag vor der Hochzeit holtest du mich am Airport La Guardia ab, und wir gingen zusammen mit deiner Mutter, deiner Schwester, deinem Schwager und deiner kleinen Nichte essen; abends brachtest du mich zum Übernachten vor der Hochzeit in ein Hotel. Es war ein wunderschönes, sonniges Maiwochenende, und trotz der üblichen Nervosität eines Bräutigams vor der Hochzeit strahltest du Frieden und Freude aus. Du freutest dich von Herzen auf dein gemeinsames Leben mit Robin. Du erzähltest mir, Robin habe dir neues Selbstvertrauen geschenkt, habe deine Zweifel ausgeräumt, ob du wirklich zur Liebe fähig seist und ob du jemals den für dich richtigen Job finden würdest; sie habe dich ermutigt, einfach darauf zu vertrauen, daß du schon einen Weg finden würdest, dein Bestes zu geben, selbst wenn das nicht in den traditionellen Geleisen verlaufen sollte, die die Gesellschaft zu bieten hat – und vor allem, daß dich Robin als den liebe, der du seist und nicht um dessentwillen, was du verdientest oder zustandebrächtest. Auch erzähltest du mir, du seiest dir dessen bewußt, welche große Stütze du für Robin geworden seist. Du bewundertest ihren großen Einsatz als Anwältin der Armen und Obdachlosen, ihre Begabung, für diejenigen einzutreten, die in unserer Welt kaum eine Stimme haben, und ihre Vitalität und ihren gesunden Humor. Aber du warst dir auch dessen bewußt, daß auch du ihr etwas Einzigartiges gabst, das sie sich selbst nicht geben konnte: eine Heimat, Geborgenheit und ein fruchtbares Miteinander. Deine Liebe zu ihr war etwas Wunderschönes, und für mich war es ein besonderes Geschenk, als unmittelbarer Augenzeuge deiner Liebe eingeladen worden zu sein.

Im Verlauf dieses strahlenden Hochzeitstages mit seinen bewegenden jüdischen Ritualen, die ein dir befreundeter Rabbi vollzog, mit dem fröhlichen Empfang im Garten und dem auserlesenen Festmahl wurde mir mehr denn je bewußt, daß unser Leben seine Erfüllung nur dann findet, wenn wir uns an andere hergeben. An diesem Tag hast du dich an Robin hergegeben, und du brachtest unmißverständlich zum Ausdruck, daß, was immer auch kommen möge – sei es bei deiner Arbeit oder in wirtschaftlicher oder politischer Hinsicht – von jetzt an deine Hauptsorge Robin gelten werde.

Da deine Heirat mit Robin deine zweite Eheschließung war und da du die lange einsame Durststrecke einer Scheidung durchgemacht hattest, warst du bei alldem äußerst demütig. Du warst dir dessen bewußt, daß nichts Gutes sich ganz von allein einstellt, und daß deine Hingabe an Robin einem Entschluß entstammte, den es jeden Tag zu erneuern galt – vor allem an Tagen, an denen ein Gefühl der Fremdheit zwischen euch aufkommen sollte.

Mir wurde auch zutiefst bewußt, wie sehr du es brauchst, von einer Familie und von Freunden mit Liebe umgeben zu werden, damit du dein Eheversprechen gegenüber Robin immer wieder neu einlösen kannst. Deine Einladung, an deinem Hochzeitstag so nahe bei dir zu sein, wies mich darauf hin, daß du mich als einen der Freunde haben wolltest, die dir helfen würden, Robin treu zu bleiben, und ich empfand das voll Freude als eine bedeutsame Verantwortung.

Es ist traurig, zu sehen, daß wir in unserer Welt voll gnadenlosen Wettbewerbs und rücksichtsloser Habgier den Sinn für die Freude des Gebens verloren haben. Wir leben oft so, als hinge unser ganzes Glück nur vom Haben ab. Aber ich kenne keinen einzigen Menschen, der wirklich um dessentwillen glücklich ist, was er hat. Wahre Freude, echtes Glück und wirklicher innerer Friede erwachsen daraus, daß wir uns selbst an andere hingeben. Ein glückliches Leben ist ein Leben für andere. Aber diese Wahrheit entdeckt man gewöhnlich erst dann, wenn einem die Augen dafür aufgehen, daß man ein gebrochener Mensch ist.

Wenn ich gründlicher darüber nachdenke, wie unsere Freundschaft im Lauf der Jahre gereift ist, stelle ich fest, daß eine geheimnisvolle innere Beziehung besteht zwischen unserem Gebrochensein und unserer Fähigkeit, uns aneinander herzugeben. Beide haben wir Phasen äußersten seelischen Leidens durchlebt. Während dieser Zeit hatten wir das Gefühl, unser Leben stecke in einer Sackgasse und wir hätten anderen oder einander nichts zu geben. Aber jetzt, Jahre danach, haben sich diese Lebensabschnitte als die Zeiten herausgestellt, in denen wir dazu ertüchtigt wurden, mehr statt weniger zu geben. Unsere Gebrochenheit hat in uns die Fähigkeit vertieft, unser Leben miteinander zu teilen und einander Hoffnung zu schenken. Genau wie Brot erst gebrochen werden muß, ehe man es austeilen kann, so ist es auch mit unserem Leben.

Natürlich soll damit nicht gesagt sein, daß wir einander oder anderen Menschen Leid zufügen sollten, um uns gegenseitig besser zum Geben zu erziehen. Auch wenn es stimmt, daß von zerbrochenem Glas ein helles Leuchten ausgehen kann, wird doch nur ein Narr ein Glas zerbrechen, um es zum Leuchten zu bringen! Aber da wir sterbliche Menschen sind, ist die Gebrochenheit ein Wesensmerkmal unseres Daseins. Wenn wir uns mit ihr anfreunden und sie unter den Segen stellen, werden wir entdecken, wie viel wir zu geben haben – viel mehr, als wir uns je zu erträumen gewagt hätten!

Ist eine gemeinsame Mahlzeit nicht der schönste Ausdruck unseres Wunsches, einander in unserer Gebrochenheit gegeben zu werden? Der Tisch, die Nahrungsmittel, die Getränke, die Geschichten, die man sich erzählt – all das sind doch äußerst persönliche Mittel, mit denen wir nicht nur den Wunsch zum Ausdruck bringen, einander unser Leben zu schenken, sondern dies auch tatsächlich zu tun. Mir ist der Ausdruck „miteinander das Brot brechen" besonders kostbar, denn darin bilden das Brechen und das Geben eine so deutliche Einheit. Wenn wir miteinander essen, geben wir uns auch gegenseitig eine Blöße. Wenn wir um den Tisch sitzen, können wir nicht irgendwelche Waffen tragen, und wir laden einander ein, vom gleichen Brot zu essen und aus dem gleichen Becher zu trinken.

Glaubst du nicht, daß unser Wunsch, miteinander zu essen, ein Ausdruck unseres noch tieferen Wunsches ist, füreinander Nahrung zu sein? Sagen wir nicht oft: „Das war ein sehr ergiebiges Gespräch, das war eine erfrischende Zeit"? Ich glaube, zutiefst wünschen sich alle Menschen, sich aneinander herzugeben als Nahrung, die dem Leib, den Gefühlen und der Seele des anderen zu wachsen hilft. Ist nicht der Säugling an der Mutterbrust eines der rührendsten Zeichen menschlicher Liebe? Ist nicht „verkosten" das beste Wort, um die Erfahrung intimer Nähe zum Ausdruck zu bringen? Erfahren Liebende in ihren ekstatischen Augenblicken nicht ihre Liebe als den Wunsch, einander zu essen und zu trinken? Für uns als Geliebte liegt die größte Erfüllung darin, zum Brot für die Welt zu werden. Das ist der innigste Ausdruck unserer tiefsten Sehnsucht, uns aneinander hinzugeben.

Wie kann das in der Praxis aussehen? Wenn unsere tiefste Erfüllung darin besteht, als Geschenk an andere hingegeben zu werden – wie stellen wir es dann an, im tagtäglichen Leben diesen Wunschtraum in die Tat umzusetzen, in einer Gesellschaft, die mehr auf das Haben als auf das Geben aus ist? Ich möchte zwei Richtungen vorschlagen, in denen sich das Sich-Hergeben im Leben und das Sich-Hergeben im Sterben verwirklichen läßt.

Zunächst einmal ist unser Leben selbst das größte Geschenk, das wir zu vergeben haben. Das ist eine Tatsache, die wir immer wieder vergessen. Wenn wir daran denken, uns aneinander herzugeben, denken wir spontan an unsere Talente, dank derer wir irgend etwas Besonderes füreinander tun können. Wir haben uns oft genug miteinander darüber unterhalten. Wir haben uns die Frage gestellt: „Was ist mein ganz origineller Beitrag?" Aber wenn wir uns so auf unsere Talente und speziellen Beiträge fixieren, vergessen wir allzuleicht, daß unser wirkliches Geschenk nicht so sehr das ist, was wir tun können, sondern das, war wir sind. Die wirkliche Frage lautet nicht: „Was können wir einander bieten?", sondern: „Wer können wir füreinander sein?" Zweifellos, es ist wunderbar, wenn wir einem Nachbarn etwas reparieren, einem Freund einen guten Rat geben, einem Kollegen einen hilfreichen Tip geben, einem Kranken Linderung verschaffen und einem Pfarrangehörigen die Frohe Botschaft verkünden können. Aber es gibt ein größerer Geschenk als das alles. Das ist das Geschenk unseres eigenen Lebens, das aus allem, was wir tun, hervorleuchtet.

Je älter ich werde, desto mehr entdecke ich, daß mein größtes Geschenk, das ich anzubieten habe, meine eigene Freude am Leben ist, mein eigener innerer Friede, mein eigenes Schweigen und meine Einsamkeit, mein eigenes Gefühl, mich wohl zu befinden. Wenn ich mich selbst frage: „Wer hilft mir am meisten?", dann muß ich zur Antwort geben: „Der Mensch, der bereit ist, sein Leben mit mir zu teilen."

Es ist hilfreich, zwischen Talenten und Gaben zu unterscheiden. Wichtiger als unsere Talente sind unsere Gaben. Wir haben nur wenige Talente, aber wir haben viele Gaben. Unsere Gaben – das sind die vielfältigen Weisen, wie wir unser Menschsein zum Ausdruck bringen. Sie sind Bestandteil dessen, was wir sind: Freundschaft, Liebenswürdigkeit, Geduld, Freude, Friede, Verzeihenkönnen, Güte, Liebe, Hoffnung, Vertrauen und vieles andere. Das sind die eigentlichen Gaben, die wir einander schenken können.

Mir ist das im Grunde genommen schon sehr lange klar, besonders seit ich persönlich die unglaublich heilende Kraft dieser Gaben erfahren habe.

Aber seit ich einer Lebensgemeinschaft mit geistig behinderten Menschen beigetreten bin, habe ich diese einfache Wahrheit neu entdeckt. Kaum einer dieser Menschen hat Talente, auf die er stolz sein könnte. Nur wenige von ihnen können etwas zu unserer Gesellschaft in der Form beitragen, daß sie Geld verdienen, auf dem offenen Markt mithalten oder Preise gewinnen können. Aber was für kostbare Gaben haben sie!

Bill, der wegen zerrütteter Familienverhältnisse unsagbar gelitten hat, hat eine Gabe für Freundschaft, die ich in dieser Intensität selten erlebt habe. Selbst wenn ich ungeduldig oder von anderen Leuten zerstreut werde, bleibt er mir immer treu und unterstützt mich umsichtig bei allem, was ich tue. Linda, die sprachbehindert ist, hat eine einmalige Gabe, Menschen willkommen zu heißen. Viele, die in unserer Gemeinschaft mitgelebt haben, behalten Linda ganz lebhaft in ihrer Erinnerung, weil sie ihnen das Gefühl vermittelt hat, ganz daheim zu sein. Adam, der ohne Hilfe weder sprechen, gehen noch essen kann und ständig jemanden um sich braucht, hat die große Gabe, denjenigen Frieden zu schenken, die sich um ihn kümmern und mit ihm leben.

Je länger ich in der Arche lebe, desto deutlicher erkenne ich die wertvollen Gaben, die in uns, den scheinbar nichtbehinderten Menschen, oft unter unseren Talenten verschüttet bleiben. Die offensichtliche Gebrochenheit unserer Behinderten ermöglicht es ihnen auf eine ganz merkwürdige Weise, ihre Gaben freier und vorbehaltloser wirken zu lassen.

Ich bin jetzt mehr denn je der festen Überzeugung, daß wir alle die Berufung haben, unser Leben selbst aneinander herzugeben, und daß, wenn wir das fertigbringen, wir zu einer wirklichen Liebesgemeinschaft werden.

Zudem sind wir berufen, uns selbst nicht nur im Leben, sondern auch im Sterben herzugeben. Als Geliebte Kinder Gottes haben wir die Berufung, unseren Tod zur größten Gabe zu machen. Aus der Wahrheit, daß wir gebrochen sind, um hergegeben zu werden, ergibt sich, daß unser letztes Gebrochenwerden, das Sterben, das Mittel unseres endgültigen Hergebens unserer selbst werden soll. Wie ist das möglich? Der Tod ist anscheinend unser größter Feind, dem wir so lange wie irgend möglich entrinnen müssen. An das Sterben denken wir nicht gern, über das Sterben reden wir nicht gern. Und dennoch – eine der ganz wenigen absolut sicheren Gewißheiten ist die, daß wir sterben werden. Ich wundere mich immer wieder darüber, wie unsere Gesellschaft alles nur Mögliche tut, um uns davon abzuhalten, uns gut auf unseren Tod vorzubereiten.

Für Menschen, die in Kommunion leben, ist das Sterben das Durchgangstor zur höchsten Erfüllung dieser Kommunion. Für die Geliebten Söhne und Töchter Gottes ist das Sterben das Eingehen in die allumfassende Erfahrung, Geliebte zu sein. Wer weiß, daß er auserwählt, gesegnet und gebrochen ist, um hingegeben zu werden, für den ist das Sterben der Weg, zur reinen Gabe zu werden.

Ich glaube, wir haben noch nicht viel miteinander über den Tod gesprochen. Er scheint weit fort, unwirklich, eher andere als uns selbst betreffend. Zwar stellen uns die Medien ständig unbarmherzig vor die tragische Wirklichkeit, daß tagtäglich unzählige Menschen an Gewalt, Krieg, Hunger und Vernachlässigung sterben; zwar erfahren wir regelmäßig, daß Menschen im eigenen Lebenskreis unserer Familie und unserer Bekannten gestorben seien; aber dennoch denken wir kaum daran, daß auch wir auf den Tod zugehen. Ich persönlich halte das Leben für eine Vorbereitung auf den Tod als endgültige Tat des Mich-Hergebens. Wir sind nicht nur berufen, für andere zu leben, sondern auch für andere zu sterben. Wie soll das möglich sein?

Ich will dir zunächst von drei lieben Freunden erzählen, die im Lauf der letzten Monate gestorben sind: Murray McDonnell, David Osler und Pauline Vanier. Sie fehlen mir. Ihr Tod bedeutet einen schmerzlichen Verlust für mich. Sooft ich an sie denke, empfinde ich schmerzlich, daß ihr Platz in ihrer Wohnung zwischen ihren Familien und Freunden leer ist. Ich kann sie nicht mehr anrufen, nicht mehr besuchen, ihre Stimmen nicht mehr hören, ihre Gesichter nicht mehr sehen. Ich spüre eine ungeheure Trauer. Aber zutiefst glaube ich, daß ihr Sterben nicht nur ein Verlust ist. Ihr Sterben ist auch eine Gabe.

Vor seinem Tod sagte Jesus: „Es ist gut, daß ich von euch gehe, denn wenn ich nicht von euch gehe, kann ich euch nicht meinen Geist senden." In diesen Worten kommt für mich ein großes Geheimnis zum Ausdruck. Das Sterben von Menschen, die wir lieben und die uns lieben, eröffnet uns die Möglichkeit einer neuen, radikaleren Kommunion, einer neuen

Intimität, eines neuen Zusammengehörens. Wenn die Liebe tatsächlich stärker als der Tod ist, dann hat der Tod die Kraft in sich, die Bande der Liebe zu vertiefen und zu stärken. Erst als Jesus seine Jünger verlassen hatte, waren sie imstande, das zu begreifen, wovon er gesprochen hatte, wer er wirklich war und was er ihnen wirklich bedeutete. Trifft das im Grunde genommen nicht auf alle zu, die in Liebe sterben?

Erst wenn wir gestorben sind, kann sich unser Geist vollständig offenbaren. Murray, David und Pauline – jeder von ihnen war ein kostbarer Mensch; aber das waren zugleich Menschen, deren Liebesfähigkeit infolge ihrer zahlreichen Bedürfnisse und Wunden begrenzt war. Jetzt, nachdem sie gestorben sind, werden sie von ihren Bedürfnissen und Wunden, die ihren Geist eingesperrt hielten, nicht mehr daran gehindert, sich voll und ganz an uns herzugeben. Jetzt können sie uns ihren Geist senden, und wir können in einer neuen Kommunion mit ihnen leben.

Solche Dinge geschehen nicht unvorbereitet. Ich weiß das, denn ich habe Menschen in Groll und Bitterkeit und in höchstem Aufbegehren gegen ihr Sterbenmüssen verscheiden sehen. Ihr Sterben wurde zur Quelle von Enttäuschungen, ja sogar Schuldgefühlen für die Hinterbliebenen. Aus ihrem Sterben wurde ganz und gar keine Gabe. Sie hatten kaum etwas zu senden. Ihr Geist war von den Mächten der Finsternis ausgelöscht.

Ja – es gibt so etwas wie einen guten Tod. Wir sind selbst verantwortlich dafür, wie wir sterben. Unsere

Wahl besteht darin, uns entweder derart an das Leben zu klammern, daß unser Tod immer nur wie ein Versagen wirken kann, oder unser Leben frei herzugeben, so daß wir anderen als Quelle der Hoffnung gegeben werden können. Das ist eine entscheidende Wahl, und wir müssen jeden Tag unseres Lebens um diese Wahl ringen. Unser Tod muß nicht unbedingt unser endgültiges Scheitern, unsere endgültige Niederlage im Lebenskampf, unser unabwendbares Schicksal darstellen. Wenn unser tiefstes menschliches Anliegen darin besteht, uns an andere herzugeben, können wir auch unser Sterben zu unserer endgültigen Gabe werden lassen. Wenn ein Mensch seinen Tod als freie Gabe versteht und verwirklicht, kann dieses Sterben ungeahnte Frucht bringen.

In den Wochen und Monaten vor seinem Tod sprach David mit seiner Frau und seinen Kindern über sein Sterben. Er brachte es fertig, alles Glück und alles Leid in ihrer Beziehung anzusprechen und seine aufrichtige Liebe zu beteuern. Er bat darum, sie sollten ihm seine Fehler verzeihen, und er dankte ihnen für alle Liebe und alles Schöne, das sie ihm geschenkt hatten. Kurz vor seinem Hinscheiden, als er bereits nichts mehr sagen konnte, streckte er die Arme aus und umfing seine Frau Anne und die Kinder Susan, Chris und Heather. Dann ließ er sich ganz los und starb. David gestaltete sein Sterben als ein Sich-Hergeben, und obwohl sein Sterben bei seiner Familie und seinen Freunden große Trauer auslöste, wird es doch immer mehr zu einer Quelle neuer geistlicher Energie.

Murray starb ganz plötzlich an einem Herzversagen. In den letzten fünf Jahren bis dahin hatte er sich ganz bewußt auf sein Sterben vorbereitet. Er war immer sensibler geworden für seine Frau Peggy, seine neun Kinder und ihre Familien und für alle, denen er in Liebe zugetan war. Er hatte zudem bei sich den Mut aufgebracht, sich mit allen zu versöhnen, mit denen er im Streit gelegen hatte. Seine große Offenheit für mich, sein aufrichtiges Interesse an meinem Leben mit geistig Behinderten und seine großzügige Unterstützung für meine schriftstellerische Arbeit hatten ein starkes Band der Freundschaft zwischen uns geknüpft. Ich konnte mir gar nicht vorstellen, daß er eines Tages nicht mehr für mich da sein sollte. Und dennoch wurde sein Tod, so schmerzlich überraschend er kam, zu einer Feier der Liebe. Als sich am ersten Jahrtag seines Todes seine ganze Familie versammelte, wußte jeder etwas Kostbares darüber zu erzählen, wie Murray allen, die um ihn trauerten, viel neues Leben und neue Hoffnung geschenkt hatte.

Pauline Vanier war dreiundneunzig, als sie starb. Als Frau des früheren Generalgouverneurs von Kanada hatte sie unter den Großen und Mächtigen dieser Welt gelebt. Aber als sie sich nach dem Tod ihres Mannes ihrem Sohn Jean in seiner Gemeinschaft mit den Schwachen und Ohnmächtigen anschloß, wurde sie die Großmutter, Mutter, Freundin und Vertraute vieler Menschen. Während des Jahres, das ich in ihrem Haus lebte, widmete sie mir viel Sorgfalt und schenkte mir Anteil an ihrer Lebensweisheit. Mein Eintritt in die „Arche“ bleibt für mich immer verbunden mit der liebevollen „Mammie“. Obwohl sie mir fehlt, weiß ich, daß die Früchte ihres Lebens in meinem Leben und im Leben derer, die ihr nahegestanden haben, immer deutlicher zum Vorschein kommen werden, und ich vertraue darauf, daß ihr Geist, der derart von Humor und Gebet durchtränkt war, uns weiterhin führen wird.

Der Tod eines von Gott Geliebten bringt im Leben vieler Menschen Frucht. Du und ich müssen darauf vertrauen, daß unsere kurzen Leben weit über die Grenzen unserer Biografie hinaus Frucht tragen können. Aber wir müssen das bewußt wählen, müssen zutiefst darauf vertrauen, daß wir einen Geist auszusenden haben, der allen, die an uns denken, Freude, Frieden und Leben schenken wird.

Franz von Assisi ist im Jahr 1226 gestorben, aber immer noch ist er unglaublich lebendig! Sein Sterben war ein wirkliches Sich-Hergeben, und heute, fast achthundert Jahre danach, schenkt er immer noch seinen Brüdern und Schwestern in und außerhalb der Franziskanischen Orden viel Energie und Leben. Er ist gestorben, aber er ist dennoch alles andere als tot. Sein Leben geht weiter und bringt auf der ganzen Welt immer neue Frucht hervor. Sein Geist kommt immer noch zu uns. So bin ich mehr denn je davon überzeugt, daß wir unser Sterben tatsächlich bewußt als unser endgültiges Lebens-Geschenk wählen können.

Dir und mir bleibt nur noch eine kurze Zeit zu leben. Die zwanzig, dreißig, vierzig oder fünfzig Jahre, die noch vor uns liegen, werden sehr rasch dahineilen. Wir können so tun, als lebten wir endlos und dann ganz überrascht davon sein, daß das nicht stimmt – oder wir können in der freudigen Erwartung leben, daß unser größter Wunsch, unser Leben für andere zu leben, dadurch in Erfüllung gehen wird, daß wir unserem Sterben als dem endgültigen Uns-Hingeben entgegensehen. Wenn wir in unserem Sterben unser Leben in Freiheit loslassen, werden wir und alle, die uns lieben, entdecken, wie viel wir zu geben haben.

Wir sind auserwählt, gesegnet und gebrochen, um hingegeben zu werden, nicht nur im Leben, sondern auch im Sterben. Als Geliebte Kinder Gottes haben wir die Berufung, füreinander zum Brot zu werden – zum Brot für die Welt. Diese Sicht schenkt der Geschichte von Elischa, der Brote vermehrt hat, einen neuen Sinn. Elischa sagte zu dem Diener, der mit zwanzig Gerstenbroten und mit frischen ungedroschenen Weizenkörnern zu ihm kam: „Gib das der Menge zu essen." Als der Diener das Bedenken äußerte: „Wie soll ich damit hundert Männer sättigen können?", bestand Elischa darauf: „Teil das an die Menge aus!" Der Diener teilte es aus; alle aßen sich satt, und es blieb sogar noch etwa übrig.

Enthält diese Geschichte nicht eine Grundwahrheit über das geistliche Leben? In den Augen einer Welt, deren Motor die Effektivität, die Machbarkeit und der Erfolg sind, mögen wir kleine, unbedeutende Diener sein. Aber wenn wir uns vor Augen halten, daß Gott uns von aller Ewigkeit her auserwählt und als Gesegnete in die Welt gesandt und dem Leiden ausgeliefert hat: dürfen dann nicht auch wir fest darauf vertrauen, daß sich unsere kleinen

Leben vermehren und den Hunger unzähliger Menschen sättigen können?

Das mag hochtrabend und allzu wichtigtuerisch klingen, aber in Wirklichkeit entstammt das Vertrauen darauf, daß das eigene Leben fruchtbar sei, einer demütigen Geisteshaltung. Das ist die Haltung von Hanna, der Mutter Samuels, die voll Dankbarkeit über das neue Leben in ihrem Schoß ausrief: „Mein Geist frohlockt in Gott, meinem Retter. Er hat auf seine niedrige Magd geschaut und Großes für mich getan. Von nun an werden mich alle Geschlechter als Gesegnete preisen." Die Fruchtbarkeit unseres bescheidenen Lebens übertrifft bei weitem alles, was wir uns vorstellen können, wenn uns erst einmal die Augen dafür aufgehen und wir es als das Leben von Geliebten begreifen und verwirklichen.

Einer der größten Glaubensakte besteht darin, daran zu glauben, daß die wenigen Jahre, die wir auf dieser Erde verbringen, wie ein kleines Samenkorn sind, das in einen äußerst fruchtbaren Boden gesenkt wird. Damit dieses Samenkorn reiche Frucht tragen kann, muß es sterben. Wir sehen allzu oft nur das Sterben, aber die Ernte wird überwältigend sein, selbst wenn wir selbst nicht die Erntenden sind.

Wie anders wäre unser Leben, wenn wir tatsächlich fähig wären, darauf zu vertrauen, daß es sich vermehrt, indem es hergegeben wird! Wie anders wäre unser Leben, wenn wir doch glauben könnten, daß jede kleine Geste der Treue, jede noch so geringe Tat der Liebe, jedes Wort der Vergebung, jedes noch so kleine bißchen Freude und Frieden sich unablässig vermehrt, solange es Menschen gibt, die es aufnehmen ... und daß selbst dann noch etwas übrigbleiben wird!

Stell dir vor, du würdest von der tiefen Überzeugung getragen, daß deine Liebe zu Robin, deine Liebenswürdigkeit gegenüber deinen Freunden und deine Freigiebigkeit gegenüber den Armen alles kleine Senfkörner sind, die zu weitästigen Bäumen heranwachsen, in denen viele Vögel ihre Nester bauen können! Stell dir vor, du könntest zutiefst in deinem Herzen darauf vertrauen, daß jedes Lächeln und jeder Händedruck, jede Umarmung und jeder Kuß, den du schenkst, erst die Vorzeichen einer weltweiten Gemeinschaft der Liebe und des Friedens sind! Stellt dir vor, du wärest davon überzeugt, daß jede kleine Geste deiner Liebe wie ein ins Wasser geworfenes Steinchen ist, das immer neue und weitere Kreise zieht. Stell dir vor, stell dir vor ... Könntest du dann jemals deprimiert, wütend, verärgert oder rachsüchtig sein? Könntest du dann jemals hassen, zerstören oder töten? Könntest du jemals am Sinn deines kurzen irdischen Daseins zweifeln?

Du und ich, wir würden vor Freude tanzen, wenn uns die Wahrheit wirklich erfassen würde, daß wir bescheidene Wesen auserwählt, gesegnet und gebrochen werden, um Brot zu werden, das sich vermehrt, wenn es hergegeben wird. Du und ich, wir würden vor dem Tod keine Angst mehr haben, sondern wir würden ihm als dem Höhepunkt unseres Wunsches, zur Gabe für andere zu werden, entgegenleben. Die Tatsache, daß wir noch so weit von dieser Verfassung unseres Geistes und Herzens entfernt sind, zeigt nur zu deutlich, daß wir noch blutige Anfänger im geistlichen Leben sind und uns noch kaum die volle Wahrheit unserer Berufung angeeignet haben. Aber laß uns dankbar für jedes kleine Aufschimmern der Wahrheit sein, das wir wahrnehmen können, und laß uns darauf vertrauen, daß es immer noch mehr zu sehen gibt ... immer noch mehr.

In wenigen Jahren werden wir beide beerdigt oder eingeäschert sein. Die Häuser, in denen wir jetzt wohnen, werden vermutlich noch stehen, aber jemand anderer wird darin leben, und höchstwahrscheinlich wird er kaum etwas oder gar nichts von uns wissen. Aber ich glaube daran, und ich hoffe, auch du kannst das glauben, daß unsere kurze, leicht zu vergessende Reise in dieser Welt weiterhin Menschen zu allen Zeiten und an allen Orten Leben schenken wird. Wenn der Geist der Liebe erst einmal aus unseren sterblichen Leibern freigelassen sein wird, wird er wehen, wo er will, selbst wenn nur wenige hören werden, woher er kommt und wohin er geht.

Lebe als der geliebte Mensch

Als jemand, der auserwählt, gesegnet, gebrochen und hingegeben ist, hast du die Berufung, mit einer tiefen inneren Freude und einem heiteren Frieden zu leben. Das sind die Kennzeichen des Lebens eines Geliebten Sohnes Gottes angesichts einer Welt, die unablässig danach trachtet, dich mit dem Anspruch zu belasten, du müßtest erst einmal beweisen, daß du überhaupt liebenswert seist.

Doch andererseits: Wie sollen wir unseren Wunsch bewerten, in unserem Beruf voranzukommen; unsere Hoffnung, erfolgreich und berühmt zu werden; unseren Traum, uns einen angesehenen Namen zu verschaffen? Müssen wir das alles verachten? Stehen diese Bestrebungen im Widerspruch zum geistlichen Leben?

Manche mögen diese Frage mit „Ja" beantworten und dir raten, aus der schnellen Gangart der großen Stadt auszuscheren und dich nach einer Umgebung umzusehen, in der du dich ungehindert deinem geistlichen Leben widmen kannst. Aber ich glaube nicht, daß das dein Weg ist. Ich glaube nicht, daß dein Platz in einem Kloster oder in einer Gemeinschaft wie der Arche wäre, oder in einem stillen Winkel auf dem Land. Im Gegenteil, ich würde sogar sagen, daß die Stadt mit ihren Herausforderungen für dich und deine Freunde gar kein so schlechter Platz ist. Dort findet man Anregungen, wird immer neu angestoßen und in Bewegung gehalten und bekommt eine Menge zu sehen, zu hören, zu schmekken und zu genießen. Die Welt ist nur dann schlecht, wenn du ihr Sklave wirst. Die Welt hat sehr viel zu bieten – genau wie Ägypten den Kindern Jakobs vieles zu bieten hatte –, solange man ihr nicht gehorchen muß.

Der eigentliche Kampf, den es auszufechten gilt, besteht nicht darin, die Welt zu verlassen, seine Ziele und Wünsche zu verwerfen oder Geld, Ansehen oder Erfolg zu verachten, sondern seiner eigenen inneren geistlichen Wahrheit zu entsprechen und in der Welt als jemand zu leben, der nicht von der Welt ist. Es ist spannend, um den Gewinn bei einem Wettbewerb zu bangen, es ist interessant, einflußreiche Menschen zu treffen, es ist inspirierend, im Lincoln Center ein Konzert zu hören oder sich im Metropolitan Museum eine neue Ausstellung anzuschauen. Und was sollte an guten Freunden, gutem Essen und guter Kleidung verkehrt sein?

Ich bin fest davon überzeugt, daß alle guten Dinge, die unsere Welt zu bieten hat, für dich da sind, damit du dich an ihnen freust. Aber du kannst dich ihrer nur dann wirklich erfreuen, wenn du sie alle als Bestätigung der grundlegenden Wahrheit auffaßt, daß du Gottes geliebter Sohn bist. Diese Wahrheit wird dir die innere Freiheit schenken, die Schönheit der Natur und Kultur voller Dankbarkeit als Zeichen dafür anzunehmen, daß du geliebt bist.

Diese Wahrheit wird dich befähigen, alle Gaben, die dir die Gesellschaft schenkt, gern anzunehmen und das Leben zu feiern. Aber diese Wahrheit wird dich gleichzeitig auch befähigen, das bleiben zu lassen, was dich zerstreut und verwirrt und was das Leben des Geistes in dir gefährdet.

Stelle es dir so vor, daß du in die Welt hinausgesandt bist. Du kannst das so sehen, wenn du wirklich daran glaubst, daß du schon vor Anbeginn der Welt geliebt wurdest. Dieses Verständnis deiner selbst erfordert allerdings einen mutigen Sprung im Glauben! Solange du in der Welt lebst und dich ihrem ungeheuren Druck beugst, mit dem sie dir abfordert, dir selbst und anderen zu beweisen, daß du jemand bist, und solange du dabei zugleich weißt, daß du letzten Endes ja doch als Verlierer dastehen wirst, kann dein Leben niemals sehr viel mehr als ein endloses Kämpfen ums Überleben sein. Willst du jedoch in der Welt wirklich *leben,* dann darfst du diese Welt nicht als die Quelle dieses Lebens betrachten. Die Welt und ihre Überlebenstechniken mögen dir vielleicht lange Zeit beim Überleben helfen, aber sie können dir nicht helfen, wirklich zu leben, denn die Welt ist nicht die Quelle ihres eigenen Lebens, und erst recht nicht die Quelle deines Lebens.

Geistlich gesehen gehörst du nicht zur Welt. Und gerade aus diesem Grund bist du in die Welt gesandt. Alle Menschen: deine Familie und deine Freunde, deine Kollegen und deine Konkurrenten und alle anderen, die dir auf deinem Lebensweg begegnen mögen, suchen nach mehr als dem bloßen Überleben. Wenn du unter ihnen lebst als jemand, der als Verwirklicher des tatsächlichen Lebens zu ihnen gesandt ist, werden sie einen Schimmer davon mitbekommen können, was echtes Leben ist.

Von dem Augenblick an, da du von dir selbst weißt, daß du in diese Welt gesandt bist, ändert sich alles von Grund auf. Zeiten und Räume, Menschen und Ereignisse, Kunst und Literatur, Geschichte und Wissenschaft: alles ist nicht länger stumpf und unklar, sondern alles wird durchsichtig, alles weist weit über sich selbst hinaus dorthin, woher du kommst und wohin du zurückkehren wirst.

Mir fällt es äußerst schwer, dir diese radikale Veränderungen zu erklären, denn man kann diese Veränderung nicht mit den üblichen Worten beschreiben; man kann sie auch nicht als eine neue Disziplin der Selbsterkenntnis lehren oder einüben. Die Veränderung, von der ich spreche, ist die Veränderung, die darin besteht, daß man sein Leben nicht mehr als schlimme Bewährungszeit versteht, in der man beweisen muß, daß man der Liebe wert ist, sondern daß man aus dem unablässigen „Ja" zur Wahrheit lebt, daß man schon immer geliebt wird. Oder, um es ganz einfach zu sagen, unser Leben ist uns von Gott als Möglichkeit geschenkt, die zu werden, die wir sind, um unsere eigene wirkliche geistliche Natur zu bestätigen, unsere Wahrheit in Besitz zu nehmen, uns die Wirklichkeit unseres Seins anzueignen und einzuverleiben, aber vor allem, um zu dem „Ja" zu sagen, der uns seine Geliebten Söhne und Töchter nennt.

Das unauslotbare Geheimnis Gottes besteht darin, daß Gott ein Liebhaber ist, der geliebt werden möchte. Der uns erschaffen hat, wartet auf unsere Antwort auf die Liebe, die uns ins Dasein gerufen hat. Gott sagt nicht nur: „Du bist mein Geliebter Sohn“, sondern Gott fragt zugleich: „Liebst du mich?“ und bietet uns zahllose Gelegenheiten an, mit „Ja“ zu antworten. Darin besteht das geistliche Leben: in der Möglichkeit, zu unserer inneren Wahrheit „Ja“ zu sagen.

Wenn man das geistliche Leben so versteht, ändert es alles von Grund auf. Das Geborenwerden und das Aufwachsen, das Ausziehen von daheim und die Wahl eines Berufs, das Gelobt- und das Abgelehntwerden, das Weitergehen und das Ausruhen, das Beten und das Spielen, das Krankwerden und das Genesen, ja sogar das Leben und das Sterben – alles erweist sich als Formulierung der Frage Gottes: „Liebst du mich?“ Und an jedem Punkt des Lebenswegs steht man vor der Wahl, „Ja“ zu sagen oder „Nein“.

Wenn du erst einmal angefangen hast, einen Schimmer dieser geistlichen Sichtweise zu erfasse, geht dir auf, wie die vielen Gegensätze, die wir in unserem Alltagsleben unablässig empfinden, ihre Wichtigkeit verlieren. Wenn sowohl Freude als auch Schmerz eine Gelegenheit sind, um zu unserer Berufung als Kinder Gottes „Ja“ zu sagen, haben beide Erlebnisweisen mehr Gemeinsames als Unterscheidendes.

Wenn uns sowohl die Erfahrung einer Preisverleihung als auch die Erfahrung, keiner hervorragenden Leistungen fähig zu sein, eine Möglichkeit bieten, uns auf unsere wahre Identität als „Geliebte“ Gottes zu besinnen, sind beide Erfahrungen eher von gleicher als von unterschiedlicher Qualität. Wenn sowohl das Gefühl des Alleinseins als auch das Gefühl, bei jemandem daheim zu sein, den Ruf in sich schließen, noch deutlicher zu erkennen, wer der Gott ist, dessen Kinder wir sind, ist der gemeinsame Nenner dieser Gefühle viel größer als das, was sie voneinander trennt. Und wenn uns schließlich sowohl das Leben als auch das Sterben der vollen Verwirklichung unseres geistlichen Selbst näherbringen, sind das nicht jene beiden extremen Gegensätze, als die sie uns die Welt vorstellt; nein, im Gegenteil, es sind zwei Seiten des einen und einzigen Geheimnisses der Liebe Gottes.

Ein geistliches Leben führen heißt, das Leben als eine ganzheitliche Wirklichkeit gestalten. Die Mächte der Finsternis sind die Mächte, die auseinanderreißen, spalten und in Gegensatz bringen. Die Mächte des Lichts machen eins und ganz. „Diabolus – Teufel" heißt wörtlich übersetzt: der Auseinander-, der Durcheinanderwerfer. Der Dämon trennt; der Geist vereint.

Das geistliche Leben wirkt den zahllosen Aufspaltungen entgegen, die unser Alltagsleben kennzeichnen und Zerstörung und Gewalttätigkeit verursachen. Diese Aufspaltungen sind sowohl innerlicher als auch äußerlicher Art: aufgespalten sind unsere innersten Empfindungen und aufgespalten sind die verschiedenen sozialen Gruppen. Sowohl die Aufspaltung zwischen Freude und Traurigkeit in mir als auch die Aufspaltung zwischen Rassen, Religionen und Kulturen um mich sind von den diabolischen

Mächten der Finsternis verursacht. Der Geist Gottes, der uns Gottes Geliebte Söhne nennt, ist der Geist, der vereinigt und ganz macht. Daran läßt sich auch am einfachsten ausmachen, ob und wo Gottes Geist am Wirken ist: dort, wo Einheit gestiftet wird, wo Heilung stattfindet, wo wiederhergestellt und versöhnt wird. Wo immer der Geist wirkt, schwindet die Trennung und tritt sowohl innere als auch äußere Einheit zutage.

Mir liegt ganz besonders der Gedanke am Herzen, daß dort, wo wir unser gesamtes Alltagsleben „von oben her" leben, das heißt als Gottes Geliebte Söhne und Töchter, die in die Welt gesandt worden sind, jeder Mensch, dem wir begegnen und alles, was sich ereignet, für uns zur Gelegenheit werden, uns für das Leben zu unterscheiden, das auch der Tod nicht besiegen kann. So werden sowohl die Freude als auch das Leiden zum Abschnitt jenes Weges, der uns in die Fülle unseres geistlichen Daseins führt.

Diese Sichtweise habe ich eindrucksvoll in einem Brief des Schriftstellers Julien Green an seinen Freund, den französischen Philosophen Jacques Maritain, ausgedrückt gefunden. Er schreibt: „... hält man sich die mystische Erfahrung vieler Heiliger vor Augen, kann man sich fragen, ob nicht die Freude und das Leiden auf einem sehr hohen Niveau zwei Ansichten ein und desselben Phänomens sind. Mir kommt dabei eine gewiß etwas verrückte Analogie in den Sinn: extreme Kälte brennt. Es scheint fast sicher – nein, es ist sicher –, daß wir nur durch Leiden hindurch zu Gott gelangen können, und daß dieses Leiden zur Freude wird, weil Leid und Freude letztlich das gleiche sind" (Julien Green – Jacques Maritain, Une grande amitié. Correspondance 1926–1972, Paris 1982, S. 282).

Wohin führt uns das alles? Ich meine, das führt uns an den „Ort" zurück, von dem wir herkommen, an den „Ort" Gottes. Wir werden für kurze Zeit in die Welt gesandt, um mittels aller Freuden und Leiden dieser unserer Uhr-Zeit hindurch das grundsätzliche „Ja" zu der Liebe zu sagen, die uns geschenkt worden ist. Wenn wir das tun, kehren wir zu dem Einen zurück, der uns, versehen mit diesem Siegel des „Ja" auf unserem Herzen, ausgesandt hatte. Unsere Todesstunde wird so zur Stunde unserer Heimkehr. Aber unser Tod kann diese Qualität nur erlangen, wenn bereits unser ganzes Leben eine Reise zurück zu dem Einen gewesen ist, von dem wir herkommen und der uns seine Geliebten Söhne nennt.

Über ein Leben „danach" oder ein „ewiges Leben" gibt es sehr viele wirre Vorstellungen. Ich persönlich glaube ganz fest an das ewige Leben, aber nicht nur als an ein Leben nach unserem physischen Tod. Erst wenn wir während der vielen Augenblicke unserer „Chronologie" das Leben aus dem Geist Gottes für uns in Anspruch genommen haben, können wir den Tod als das Tor zu Fülle des Lebens empfinden. Das ewige Leben ist nicht irgendeine ungeheure Überraschung, die uns am Ende unseres zeitlichen Daseins blüht; es ist eher das volle Offenbarwerden dessen, was wir schon immer gewesen sind und gelebt haben. Der Verfasser des 1. Johannesbriefs bringt das auf die sehr dichte Formel: „Liebe Brüder, jetzt sind wir Kinder Gottes. Aber was wir sein werden, ist noch nicht offenbar geworden. Wir wissen, daß wir ihm ähnlich sein werden, wenn er offenbar wird; denn wir werden ihn sehen, wie er ist" (1 Joh 3,2–3).

Von da her gesehen ist der Tod nicht mehr die endgültige Niederlage. Im Gegenteil, er wird zum endgültigen „Ja" und zum Augenblick der Heimkehr dorthin, wo wir in größtmöglicher Fülle zu Kindern Gottes werden können.

Ich glaube nicht, daß viele Menschen den Tod so sehen. Statt ihn als den Zeitpunkt der Erfüllung zu erachten, haben sie vor ihm Angst, weil er ihnen der Termin der katastrophalsten Niederlage zu sein scheint, den man möglichst lange vor sich herschieben muß. Unsere Gesellschaft weiß uns nichts Besseres zu sagen, als daß der Tod unser schlimmster Feind sei, der schließlich auch die Besten von uns gegen unseren Wunsch und Willen einholen wird. Schätzt man ihn so ein, ist das Leben wenig mehr als eine von Anfang an verlorene Schlacht, ein hoffnungsloses Zappeln, ein verzweifeltes Weiterkriechen.

Ich sehe das ganz anders – und ich hoffe, auch du kannst das anders sehen. Zwar versage ich oft angesichts der vielen Ängste und Warnungen meiner Welt, aber dennoch glaube ich zutiefst, daß unsere wenigen Jahre auf dieser Erde nur ein Abschnitt einer weit größeren und längeren Geschichte sind, die sich weit über die Grenzen unserer Geburt und unseres Sterbens hinaus erstreckt. Ich stelle es mir so vor, daß ich in die Zeitlichkeit hineingeschickt worden bin. Diese Mission ist äußerst interessant, ja aufregend, und das vor allem deshalb, weil der Eine, der mich dazu ausgesandt hat, daheim auf meine Rückkehr wartet und gespannt darauf ist, was ich alles gelernt habe und was ich ihm alles erzählen kann.

Habe ich Angst vor dem Sterben? Ja – sooft ich mich von den lauten Stimmen meiner Welt betören lasse, die mir einpauken, mein „kurzes Leben" sei alles, was ich habe, und deshalb müsse ich mich nach Kräften daran hängen. Aber wenn ich diese Stimmen in den Hintergrund meines Lebens dränge und auf die leise, sanfte Stimme achte, die mich Gottes Geliebten Sohn nennen, weiß ich, daß ich vor nichts Angst zu haben brauche und daß das Sterben die größte Tat der Liebe ist, die Tat, die mich in alle Ewigkeit in die Arme meines Gottes fallen läßt, dessen Liebe für immer fortdauert.

Nachwort
Eine Freundschaft vertieft sich

Nachdem ich das vorliegende Buch vollendet hatte, schickte ich es Fred und war höchst gespannt darauf, ob es mir gelungen sei, seiner Bitte zu entsprechen: „Schreib etwas über das geistliche Leben, das meine weltlichen Freunde und ich mitvollziehen können." Ich hatte versucht, von meinem Herzen zu seinem Herzen zu sprechen, von meinen ganz persönlichen Erfahrungen zu den seinigen, von meinem wahren Selbst zu seinem wahren Selbst. Natürlich interessierte es mich brennend, ob mir mein Vorhaben gelungen war.

Bald nachdem Fred das Manuskript erhalten hatte, rief er mich an und schlug vor, er werde mich in Toronto besuchen, einige Tage bei mir in der Gemeinschaft wohnen und in Ruhe mit mir darüber sprechen. Er reiste an, und wir wurden uns dessen bewußt, daß wir beide im Lauf der letzten zehn Jahre fester Fuß gefaßt hatten als zur Zeit unserer ersten Begegnung. Ich hatte inzwischen in der „Arche" eine wirkliche Heimat gefunden, und Fred war glücklich verheiratet, erwartete sein erstes Kind und fand Erfüllung in seinem Beruf. Er hatte zwei Bücher für Teenager veröffentlicht, eines über den Golfkrieg und eines über den Verlust eines Elternteils. Nun arbeitete er gerade an einem Sammelband, in dem Prominente aus Politik, Kunst, Literatur und Sport ihre Lieblingsbücher vorstellen. Seine frühen Morgenstunden verwendete er sogar darauf, einen Roman zu schreiben! Sein alter Traum, Schriftsteller zu werden, war also Wirklichkeit geworden, wenn auch etwas anders, als er sich das ursprünglich vorgestellt hatte.

Beide hatten wir uns ein gut Stück weiterentwikkelt. Wir waren nicht mehr so unsicher und hatten tiefere Wurzeln geschlagen. Aber wir wurden uns schnell darüber klar, daß auch der Abstand zwischen uns größer geworden war. Während unserer langen Gespräche über den Text dieses Buches stellte es sich immer deutlicher heraus, daß Fred zwar viel Gutes über meine an ihn gerichteten Worte sagen konnte, aber daß ich es insgesamt doch nicht geschafft hatte, das zu schreiben, was er sich erhofft hatte. Er hatte das Manuskript zwei Freunden gezeigt, und eindeutig hatte es keinen von ihnen besonders angesprochen. Fred machte mir in unseren Gesprächen klar, daß dieses Buch nicht so grundlegend anders als meine seitherigen Bücher sei, wie ich das gemeint hatte. Fred hatte meine Bücher immer geschätzt, aber nie als Bücher, die direkt ihm mit seinen Bedürfnissen etwas Wichtiges zu sagen hatten. Er betrachte sie als Bücher für die „Bekehrten", die „Insider", und nicht für wirklich weltliche Menschen. Und seinem Eindruck nach war auch dieses Buch ganz auf dieser Wellenlänge.

Ich war sehr enttäuscht darüber, daß die Kluft zwischen uns, was das geistliche Leben betraf, so viel breiter war, als ich gedacht hatte. Ich hatte so sehr gehofft, nach unseren langen Jahren als Freunde müsse es mir gelingen, die Worte zu finden, mit denen ich einen Brückenschlag zu ihm hin schaffen könnte. Ich hatte so sehr gehofft, daß ich zu Fred und seinen Freunden auf eine Art würde sprechen können, die in ihnen ein wirkliches Bedürfnis nach einem Leben aus dem Geist wecken könnte.

Warum war ich nicht fähig gewesen, die grundlegendsten Bedürfnisse Freds und seiner Freunde anzusprechen? Fred besprach das sehr taktvoll mit mir; er war sich meiner Empfindlichkeit sehr bewußt, aber er blieb zugleich sehr unmißverständlich. Er sagte: „Natürlich, man sieht, daß du von deiner eigenen Mitte her für mich und meine Freunde etwas zu schreiben versuchst. Und du sprichst zwar ausführlich von dem, was dir am kostbarsten ist. Aber du bist dir nicht genug darüber im klaren, wie sehr uns dein Standpunkt fremd ist. Du sprichst aus einem Kontext und von einer Tradition her, die uns fremd ist, und du setzt bei deinen Aussagen sehr viele Dinge als selbstverständlich voraus, die wir durchaus nicht für selbstverständlich halten. Du bist dir nicht darüber im klaren, wie durch und durch weltlich wir wirklich sind. Unendlich viele Fragen müssen erst noch geklärt werden, bevor wir wirklich ganz auf das eingehen können, was du über das Leben als ‚Geliebter Sohn Gottes' sagst."

Mir fiel es nicht leicht, mir diese Kritik anzuhören, aber ich wollte mich ihr ganz schonungslos aussetzen, um in meinem eigenen Herzen zu entdecken, worin die Herausforderung für mich bestand. Ich hatte versucht, für eine säkularisierte Welt ein „Zeugnis der Liebe Gottes“ abzulegen, aber es war, als hätten die anderen von mir den Eindruck, ich sei von der Segelkunst derart begeistert, daß ich ganz vergessen hätte, daß sie noch nie einen See oder das Meer, geschweige denn ein Segelboot gesehen hatten.

Fred versuchte, mir das Problem zu erklären. „Lange bevor du damit anfangen kannst, davon zu reden, wir seien Geliebte und sollten immer mehr Geliebte werden, mußt du erst einmal einige grundsätzliche Fragen beantworten, wie zum Beispiel: Wer ist Gott? Wer bin ich? Warum gibt es mich? Wie kann ich meinem Leben einen Sinn geben? Wie kann ich zum Glauben kommen? Wenn du uns nicht hilfst, auf diese Fragen Antworten zu finden, bleiben deine wunderschönen Betrachtungen über das Geliebtsein und Geliebter-Sohn-Werden eine Art Traumgespinst für uns.“

Fred sagte noch vieles andere, aber seine Hauptaussage zu allem, was ich geschrieben hatte, war, daß ich mich nicht wirklich in die säkulare Geistesverfassung hatte einfühlen können.

Wenn ich mich ehrlich meinen Erfahrungen mit meinen Neffen und Nichten in Holland, mit meinen Freunden in Kanada und den USA und mit meinen Briefpartnern auf der ganzen Welt stelle, muß ich zugeben, daß vermutlich viele von ihnen Freds Kritik bestätigen würden.

Die eigentliche Frage lautet nicht mehr: Wie können wir Menschen, die nicht mehr mit der traditionellen Sprache der Kirche oder der Synagoge vertraut sind, das Geheimnis Gottes erschließen?, sondern: Gibt es noch irgendetwas in unserer Welt, das man „heilig“ nennen kann? Gibt es unter allem, was wir tun, unter den Menschen, die wir kennen, den Ereignissen, von denen wir in der Zeitung lesen oder die wir im Fernsehen mitverfolgen, jemanden oder etwas, das all das übersteigt und die innere Qualität des Sakralen, des Heiligseins besitzt, das der Verehrung und der Anbetung wert ist?

Fred gab durchaus zu, daß die menschliche Phantasie seit der Abschaffung des Heiligen in unserer Welt verarmt ist und daß viele Menschen mit dem Gefühl leben, etwas verloren zu haben, ja sogar leer zu sein. Aber wo und wie können wir das Heilige wiederentdecken und ihm den zentralen Platz in unserem Leben einräumen? Jetzt wird mir das ziemlich deutlich, da ich in diesem Buch auf diese Frage keine ausreichende Antwort gefunden habe.

Hätte ich eine solche Antwort finden können? Hätte ich sie finden müssen? Im Verlauf der gemeinsamen Tage mit Fred in unserer Gemeinschaft in Daybreak besuchten wir die verschiedenen Häuser, in denen geistig Behinderte und ihre Helfer in Wohngemeinschaften leben. Mir kam dabei zunehmend deutlicher zu Bewußtsein, daß ich nur von Gedanken, Erfahrungen und Anschauungen sprechen und schreiben kann, die in meiner eigenen Alltagserfahrung verwurzelt sind. Alle diese Erfahrungen sind ganz und gar vom Bewußtsein der Gegenwart Gottes durchtränkt. Kann ich das überhaupt: aus dieser Wirklichkeit heraustreten, die ganz auf Gott ausgerichtet ist, und dann Antworten auf Fragen finden wie: „Brauche ich Gott wirklich zum Leben, um glücklich zu sein, um Freude an meinem Leben zu haben, um meine tiefsten Sehnsüchte erfüllt zu bekommen? Brauche ich den Glauben, um ein menschenwürdiges und schöpferisches Leben führen zu können?"

Ich fühle einen großen inneren Widerstand, irgendjemandem irgendetwas zu beweisen. Ich möchte nicht sagen: „Jetzt werde ich dir zeigen, daß du Gott brauchst, um ein erfülltes Leben finden zu können." Ich kann nur sagen: „Für mich ist Gott der, der mich seinen Geliebten Sohn nennt, und ich verspüre in mir den Wunsch, anderen davon zu erzählen, wie ich versuche, immer mehr der zu werden, der ich schon immer bin." Aber darüber hinaus fühle ich mich sehr arm und machtlos.

Doch all das bedeutet nicht, daß ich nicht empfinde, Freds Reaktion auf dieses Buch bedeute eine gewaltige Aufgabe für mich. Diese Aufgabe besteht darin, meine innere Solidarität mit der verweltlichten Welt auszuloten. Obwohl ich in einer christlichen Gemeinschaft lebe und ziemliche Verantwortung dafür empfinde, das Heilige in unserem Gemeinschaftsleben zu schützen und zu bestärken, bin ich doch sowohl innerhalb als auch außerhalb der Grenzen unserer Gemeinschaft von der verweltlichten Welt umgeben.

Ja mehr noch: wenn ich mein Leben in zunehmendem Maß auf das Heilige ausrichte, spüre ich, daß es auch noch in mir sehr viel „Welt" gibt. Die Fragen, die Fred stellt, sind mir nicht fremd. Ja, je intensiver ich mit der verweltlichten Welt ins Gespräch komme, desto deutlicher entdecke ich mein eigenes Weltlich-Sein und sehe, daß Fred und seine Freunde gar nicht so weit von mir fort sind, wie ich gedacht hatte.

Vielleicht besteht die große Aufgabe darin, so stark auf Gottes Liebe zu vertrauen, daß ich keine Angst zu haben brauche, mich voll und ganz auf die weltliche Welt einzulassen und dort von Glaube, Hoffnung und Liebe zu sprechen. Vielleicht ist der Ort, an dem die Kluft überbrückt werden muß, in mir selbst. Vielleicht kann die Unterscheidung zwischen weltlich und heilig dann überbrückt werden, wenn diese beiden Seiten als zwei Aspekte der Erfahrung des Menschseins erkannt werden, an denen jeder Mensch teilhat. Vielleicht brauche ich gar kein Verfechter des Daseins Gottes und des religiösen Sinns unseres Lebens werden, um Freds Kritik zu entsprechen ... Zum gegenwärtigen Zeitpunkt kann ich nicht mehr als das sagen.

Nach Freds Besuch in Daybreak blieb ich mit der Frage allein: Was soll ich jetzt mit diesem Buch anfangen? Es vergessen, es neu schreiben, es so herausgeben, wie es ist? Längere Zeit konnte ich mir nicht schlüssig werden.

Dann geschah etwas Unerwartetes. Ich hatte das Manuskript an Gordon Cosby und Diana Chambers von der Servant Leadership School der Erlöserkirche in Washington, D.C. geschickt und erhielt eine sehr ermutigende Antwort. Sie schrieben mir, dieser Text habe ihnen mehr als die früheren geholfen und habe ihnen die Anregung gegeben, einen neuen Kurs mit dem Thema „Als Gottes Geliebtes Kind leben" zu halten. Auch Bart Gavigan von der South Park Community in England schickte mir eine begeisterte Antwort auf den Text. Gordon, Diana und Bart redeten mir zu, nicht viel daran zu ändern, sondern einfach darauf zu vertrauen, daß das, was darin stehe, auch seine Frucht bringen werde. „Und was ist mit Fred?", fragte ich sie. Sie gaben mir zur Antwort: „Gut, du warst nicht imstande, all das zu schreiben, was Fred hätte lesen müssen, aber Fred hat dich immerhin dazu angeregt, etwas zu schreiben, was uns gut tut. Wie wäre es, wenn du einfach damit zufrieden wärest?"

Hier holte mich die wirkliche Ironie des Schreibens ein. Ich hatte mich so angestrengt, etwas für der Religion entfremdete Menschen zu schreiben, und was ich zustande gebracht hatte, half am ehesten wachen, suchenden Christen in Washington, D. C. und in London in England. Mir wurde plötzlich klar, daß ich ohne Fred nie die Worte gefunden hätte, die für Gläubige eine große Hilfe sein können. Für mich liegt darin mehr als Ironie. Hier deutet sich das Geheimnis an, daß Gott seine gottlosen Freunde dazu benützt, um seine Jünger zu unterweisen.

Diese Einsicht brachte mich schließlich dazu, kein neues Buch zu schreiben, sondern darauf zu vertrauen, daß das, was ich zustande gebracht hatte, als Buch erscheinen sollte, und daß das, was nicht darin steht, vielleicht eines Tages noch seine angemessene Ausdrucksform finden wird.

Danksagung

Bei der Ausarbeitung und der Vorbereitung dieses Buches für die Drucklegung habe ich von vielen Freunden Hilfe erfahren. Als erster von allen möchte ich Connie Ellis, meiner Sekretärin, für die gute Zusammenarbeit danken und für all ihre Ermutigung, vor allem in Zeiten, in denen kaum Zeit zum Schreiben an diesem Manuskript blieb. Ich widme ihr dieses Buch in großer Dankbarkeit für ihre Treue und Freundschaft. Ebenso möchte ich Conrad Wieczorek für vielerlei praktische Hinweise, die er Connie und mir beim Fertigmachen des Manuskriptes gab, danken.

Ein besonderes Wort des Dankes gilt Patricia Beall, Diana Chambres, Gordon Cosby, Bart Gavigan, Steve Jenkinson, Sue Mosteller, Dolly Reisman, Susan Zimmerman und meinen Lektoren Bob Heller im Verlag Crossroad und Franz Johna im Verlag Herder für mancherlei Zuspruch und praktische Vorschläge bei der Abfassung des Textes.

Schließlich möchte ich Peggy McDonnell nebst ihrer Familie und ihren Freunden Dank aussprechen für ihre Freundschaft und großzügige finanzielle Unterstützung; nicht zuletzt danke ich den Franziskanern in Freiburg im Breisgau, die mich im Mai 1992 brüderlich in ihre Gemeinschaft aufnahmen, in der ich mit ihnen beten und das Manuskript abschließen konnte. Mein besonderer Dank gilt Bernardin Schellenberger, der mit großem Einfühlungsvermögen und sprachlichem Feingefühl die deutsche Textfassung erstellte.

Henri Nouwen